자막 없이 일드 보는
개꿀 일본어
회화 표현

KB124173

자막 없이 일드 보는
개꿀 일본어 회화 표현

초판 1쇄 인쇄 2024년 9월 20일
초판 1쇄 발행 2024년 9월 25일

지은이 바가킹구
펴낸이 홍성은
펴낸곳 바이링구얼
교정·교열 김효연
디자인 기민주

출판등록 2011년 1월 12일
주소 서울 마포구 월드컵북로5나길 18, 217호
전화 (02) 6015-8835
팩스 (02) 6455-8835
메일 nick0413@gmail.com

ISBN 979-11-85980-43-0 13730

자막 없이 일드 보는
개꿀 일본어
회화 표현

바가킹구 지음

바이링구얼

오늘의 표현

일본인이 일상에서 즐겨 쓰는 유용한 표현만 모았습니다. 하나의 표현 또는 관련 표현여러 개가 함께 나오기도 하고, 어원이나 유래에 관해서도 알려 줍니다.

일본어 예문

해당 표현의 실제 사용법을 제대로 알기 위해, 일본 드라마, 영화, 애니 등 수많은 작품중 이해하기 가장 좋은 대사만 선별했어요!

아이콘

어떤 작품의 대사인지 구분할 수 있도록 드라마, 영화, 애니를 각각 나른 아이콘으로 표시했습니다.

 드라마   영화 애니메이션

어휘

어려운 어휘의 뜻과 한자 발음을 알려줍니다.

연습 문제

빈칸에 들어갈 일본어를 상자 안에서 골라적절한 형태로 만들어 적어 보세요 정답은책의 맨 뒤에 있습니다.

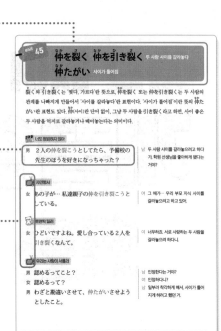

unit 45
仲を裂く 仲を引き裂く 두 사람 사이를 갈라놓다
仲たがい 사이가 틀어짐

裂く와 引き裂く는 '찢다, 가르다'란 뜻으로, 仲を裂く 또는 仲を引き裂く는 두 사람의관계를 나쁘게 만들어서 '사이를 갈라놓다'란 표현이다. '사이가 틀어짐'이란 뜻의 仲たがい란 표현도 있다. 仲(사이)란 단어 없이, 그냥 두 사람을 引き裂く 라고 하면, 사이 좋은두 사람을 억지로 갈라놓거나 떼어놓는다는 의미이다.

너희 헤어지게하지 않아

男 2人の仲を裂こうとしてたら、予備校の
先生のほうを好きになっちゃった？

남 두 사람 사이를 갈라놓으려고 하다가, 학원 선생님을 좋아하게 됐다는거야?

자선행사

女 あの子が…私達親子の仲を引き裂こうと
している。

여 그 애가… 우리 부모 자식 사이를갈라놓으려고 하고 있어.

불편한 킬러

女 ひどいですよね。愛し合っている2人を
引き裂くなんて。

여 너무하죠. 서로 사랑하는 두 사람을갈라놓으려 하다니.

우리는 사랑이 서툴러

男 認めるってこと？
女 認めるって？
男 わざと勘違いさせて、仲たがいさせよう
としたこと。

남 인정한다는 거야?
여 인정하다니?
남 일부러 착각하게 해서, 사이가 틀어지게 하려고 했던 거.

어휘
予備校 입시 학원　親子 부모 자식　愛し合う 서로 사랑하다　認める　勘違い

・연습 문제 ❶

자연스러운 문장이 되도록 어울리는 표현을 골라서 적절한 형태로 만들어 넣으세요.

女っ気　奥手　物好き　理想が高い　ストライクゾーン　高嶺の花
雲の上　ドキッとする　胸キュン　見とれる

1. 彼女は奇麗だし、一流のピアニストだし、何か ＿＿＿＿＿＿＿＿
　＿＿＿＿＿＿＿＿ の存在って感じ。

2. まずは女の子を ＿＿＿＿＿＿＿＿ させないと。

3. 急に下の名前で呼ばれて ＿＿＿＿＿＿＿＿ 。

4. お前には ＿＿＿＿＿＿＿＿ だよ。諦めた方がいい。

5. あまりのかわいらしさに、つい ＿＿＿＿＿＿＿＿ しまった。

6. あんな娘でも、もらってくれる ＿＿＿＿＿＿＿＿ がいる
　ならさ。

7. 彼、＿＿＿＿＿＿＿＿ 全然ないから、安心しな。

8. お前、中年親父とつきあってるってマジ？ ＿＿＿＿＿＿＿＿
　だろ。

9. 彼氏、いないの？何で？ ＿＿＿＿＿＿＿＿ んじゃない
　の？

10. 彼女がここまで恋に ＿＿＿＿＿＿＿＿ とは知らなかっ
　た。

이 책의 학습법

Step 1 **책 읽기**

일본어 표현에 관한 설명과 일본어 예문을 읽고 우리 말 해석을 보지 않고 직접 해석해 보세요. 일본어는 한 자를 읽는 것도 중요하기 때문에 음원을 듣기 전에 먼 저 읽어보는 게 좋습니다.

Step 2 **MP3 음원 듣기**

음원을 들으며 일본인의 정확한 발음과 억양을 확인 합니다. 여러 번 듣고 귀에 익숙해지도록 합니다.

Step 3 **해석만 보고 일본어 말하기**

일본어 예문을 가리고 우리말 해석만 보고 일본어로 말해 보세요.

Step 4 **연습문제 풀기**

학습한 표현을 잊지 않도록 약 10개의 학습이 끝날 때 마다 나오는 연습 문제를 풀어 봅니다.

Contents

Chapter 2 | 인간관계 · 가족

Chapter 3 | 음식 · 술

Chapter 6 | 학업 · 경쟁

· CHAPTER 1 ·

이성 관계 · 연애

女っ気　여자가 있는 기색
男っ気　남자가 있는 기색

女っ気와 男っ気에서 気는 기색, 기미를 의미해서 女っ気는 여자가 있는 기색, 男っ気는
남자가 있는 기색을 뜻한다. 즉, 남자친구나 여자친구 등 만나는 사람이 있는 듯한 분위기를
나타낸다. 보통은 부정문의 형태로 사귀는 상대가 없는 사람에게 쓰는 경우가 많다.

📺 도쿄 독신 남자

女　各職場に１人ぐらいいる、なぜかいまだに独身って人たち。女っ気ないわけでもない。でも何でも１人でできちゃう故に、女を見る目は厳しい。そういうアラフォー、今ゴロゴロしてるから。

여　각 직장에 한 명씩 있는 웬일인지 아직도 독신인 사람들. 여자가 없는 것도 아닌데, 뭐든 혼자 할 수 있어서 보는 눈이 엄격해. 그런 마흔 언저리가 지금 여기저기 있다니까.

📺 나기의 휴식

男　こう見えて、まったく女っ気のない息子だったんです。

남　이렇게 보여도 여자라곤 전혀 모르던 아들이었어요.

📺 그 인연, 전해드립니다

女　たまには飲み会ぐらい行った方がいいよ。麻帆、男っ気なさすぎだから。

여　가끔은 술자리에도 가고 그래. 마호는 남자를 너무 안 만난다니까.

📺 사랑이 서툴러도 잘 살고 있습니다

男　最近どうなんだよ。相変わらず男っ気なし？

남　요즘은 어때? 여전히 만나는 남자 없어?

어휘

各職場　１人 いまだに 아직도　独身　故に 이런 이유로, 따라서　厳しい　アラフォー 40세 전후의 사람　ゴロゴロ 여기저기, 얼마든지　息子　相変わらず

16

奥手
연애에 소극적인 사람

奥手가 일한사전에는 그냥 '늦벼, 늦깎이'라고만 나오는데, 일본에서는 '연애에 소극적이거나 소심한 사람'이라는 의미로 많이 사용된다. 비슷한 표현으로는 '연애가 서툰 사람'이란 뜻의 恋愛下手가 있다. 복합어의 연탁현상으로 下手가 べた로 발음되어 れんあいべた라고 표기한다.

📺 **살색의 감독 무라니시**

女 恵美もそろそろ恋人ぐらい作ればいいのに、ちょっと奥手すぎるんじゃない？

여 메구미도 이제 남자친구 만들면 좋을 텐데, 연애에 너무 소극적인 거 아니야?

📺 **린코씨는 해보고 싶다**

女 ああいうタイプの女性には、女を知らない奥手な男しか引っ掛からないから。

여 저런 타입의 여자는 여자를 잘 모르는 소심한 남자밖에 걸리지 않으니까.

📺 **아빠와 딸의 7일간**

男 あいつ、女子にモテるくせに、実はすげえ奥手で不器用なんだよ。

남 저 녀석, 여자한테 인기 있어도, 실은 연애에 엄청 소심하고 서툴러.

📺 **호타루의 빛 2**

女 思い合ってる男と女がひとつ屋根の下にいて、チュ〜もまだって… 蛍、恋愛下手だから、自分からチュウがしたいなんていえなくて、我慢してるんじゃないですか？

여 서로 사랑하는 남녀가 한 지붕 밑에서 뽀뽀도 아직이라니… 호타루가 연애에 서툴러서 스스로 뽀뽀하고 싶다는 말을 못해서 참고 있는 거 아닌가요?

어휘

引っ掛かる 걸리다, 걸려들다   不器用 서투름   思い合う 서로 사랑하다   屋根 지붕   我慢

物好き
もの ず
유별난 것을 좋아함, 유별난 것을 좋아하는 사람, 취향이 독특함

잘나지도 않고, 돈도 없고, 매력이 뭔지 알 수 없는 남자를 좋아하거나, 먹고 싶은 거 뭐든 사주겠다고 하는데, 비싼 요리보다 길거리 음식이 먹고 싶다고 하거나, 명문대를 졸업한 사람이 좋은 회사를 마다하고 푸드트럭을 시작하는 것처럼 일반적으로 보통 사람들이 선호하지 않는 독특한 것을 좋아하거나, 그런 사람을 物好き라고 한다.

📺 섹시한 타나카 씨

女 世界人口80億人よ？物好きだって、熟女老女好きだって、ゴロゴロいるでしょうよ。

여 세계 인구는 80억이야. 취향이 독특한 사람이나 농염하고 원숙미 있는 여자를 좋아하는 사람도 널렸잖아.

📺 행렬의 여신~ 라면 서유기~

女 店の中も外も、薄汚れてて、メニューも平凡。今どきわざわざこんな店に来て、食事しようなんて思うのは、よっぽどの物好きね。

여 가게 안도 밖도 꾀죄죄하고 메뉴도 평범하고, 요즘 세상에 이런 가게에 와서 식사하려고 하는 건 어지간히 유별난 거지.

📺 오늘은 회사 쉬겠습니다

娘 お父さん、結構モテたんだね。
母 そうなのよ。世の中には物好きがいたもんでさ。
娘 その筆頭がお母さんでしょ？
母 急に思い出した。私、昔から同級生に男の趣味が悪いってバカにされてたわ。

딸 아빠 꽤 인기 많았구나.
엄마 그랬지. 세상에는 별난 걸 좋아하는 사람도 있으니까.
딸 그 대표가 엄마잖아?
엄마 갑자기 생각났다. 나 옛날부터 친구들한테 남자 취향이 안 좋다고 무시당했었어.

어휘
熟女 중년의 섹시한 여성 老女 곱게 늙은 여자 薄汚れる 꾀죄죄하다 平凡 結構 世の中 筆頭
가장 먼저 꼽을 수 있는 것, 필두, 대표

18

理想が高い 눈이 높다
りそう たか

お目が高い 안목이 높다
め たか

연예인급의 외모만 좋아하는 사람, 모델처럼 키가 큰 사람만 좋아하는 사람, 연봉 1억 이하는 거들떠도 안 보는 사람, 이렇게 원하는 연애 상대의 수준이 높은 사람을 가리켜 우리는 '눈이 높다'라고 하지만, 일본에서는 理想が高い(이상이 높다)라고 한다. '눈이 너무 높다'는 理想が高すぎる 라고 하면 된다. 한국식으로 잘못 생각하기 쉬운 目が高い는 '안목이 높다', '보는 눈이 있다'란 뜻으로, 보통 お를 붙여서 お目が高い 라고 한다.

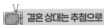 **결혼 상대는 추첨으로**

女 宮坂さんが、今まで結婚されなかったの
みやさか
は、理想が高いからですか？

男 えっ？いえいえ。そんなことありません。

| 여 | 미야사카 씨가 지금까지 결혼을 하지 않은 건 눈이 높아서인가요? |
| 남 | 네? 아니요. 그렇지 않습니다. |

 이쪽을 봐줘, 무카이군

男 理想が高いんじゃないっすか？だって
「恋人が欲しい」…って言ってるのに、
できないって、そういうことっすよね。

| 남 | 눈이 높은 거 아닌가요? 그러니까 '애인 있으면 좋겠다.' 하면서 안 생기는 건 그런 거잖아요. |

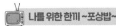 **데이지 럭**

女 昔はみんな、無駄に理想が高かった。

| 여 | 예전엔 다들 쓸데없이 눈이 높았다. |

나를 위한 한끼 ~포상밥~

女1 ジャンもんじゃってなんだろう？

女2 さすがお目が高い！この店、特製の人気
メニューだよ！

| 여1 | '장몬쟈'가 뭐지? |
| 여2 | 역시 보는 눈이 있네! 이 가게 특제 인기 메뉴야! |

어휘

結婚 無駄に 쓸데없이 さすが 과연, 역시 特製 특제, 특별히 만든 것
けっこん むだ とくせい

ストライクゾーン 이상형 범위
どストライク 완전 이상형, 완전 타입

야구에서 투수가 던진 공이 스트라이크존 안에 들어가면 스트라이크가 되는 것처럼 연애와 관련해서는 좋아하는 타입의 범위를 '스트라이크존'이라고 한다. 그래서 ストライクゾーンが広いඓ라고 하면, 연애 상대에 대한 취향이 크게 까다롭지 않음을 뜻하고, 그 반대는 ストライクゾーンが狭いசெ다. 스트라이크를 강조한 どストライク(ドストライク)는 정중앙에 꽂히는 공처럼 '완전 이상형', '완전 타입'이란 의미이다.

📺 여자 구애의 밥 시즌 2

男 神林かんばやしさん、理想が高すぎるんじゃないですか？

女 全然！私のストライクゾーン、琵琶湖びわこより広いですから。

남 칸바야시 씨, 눈이 너무 높으신 것 아닌가요?

여 전혀요! 제 이상형 범위는 비와 호수보다 넓은데요 뭘.

📺 찐녀의 메리 크리스마스

女1 いつも言ってんじゃん、彼氏欲しいって。

女2 そりゃ恋愛したいよ。今すぐにでも。けど出会いないし。

女1 出会うような場所、行けばいいでしょ。ストライクゾーン広げれば、いっぱいあるって。

여1 맨날 남자친구 있으면 좋겠다고 하면서.

여2 그거야 연애는 하고 싶지. 근데 만남도 없고.

여1 만날 만한 장소에 가면 되잖아. 이상형을 넓히면 얼마든지 있다니까.

📺 아재's 러브

男 じゃあ、マジで、俺、狙っていいですか？すいません。顔がドストライクです。

남 그럼 정말로 제가 노려도 되나요? 실례지만, 얼굴이 완전 타입이에요.

어휘

狙ねらう 노리다

高嶺の花

넘볼 수 없는 상대, 너무 과분한 상대

일한사전에 高嶺の花는 '높은 산의 꽃', '그림의 떡'이라고 나오는데, 너무 높이 있어서 구경만 하고 가질 수 없는 꽃을 의미해서, 실생활에서는 보통 '넘볼 수 없는 상대', '너무 과분한 상대' 등의 의미로 사용한다. 나는 존재감이 하나도 없는 학생인데 상대방은 학교에서 가장 인기 있는 퀸카라든지, 나는 내세울 것 없는 백수인데 상대방은 재벌집 아들이라든지, 이렇게 자신과는 비교할 수 없을 정도로 지위나 외모 등이 차이 나는 상대를 가리켜 사용한다.

처음 사랑을 한 날에 읽는 이야기

男　しかし、何だ。お前の転落人生っぷりは！あの学年トップの高嶺の花が、30過ぎて未婚、実家暮らし。

남　근데 뭐야? 추락한 네 인생의 모양새는! 전교 1등에 아무나 넘볼 수 없었던 애가 서른 넘어서 미혼에 부모님 집에 얹혀살다니.

도망치는 건 부끄럽지만 도움이 된다

男　何か信じられなくて。俺、今、土屋さんと二人で飲んでる。
女　そんなこと？
男　土屋さん、高嶺の花だったから。

남　왠지 믿기지가 않아서. 내가 지금 츠치야 씨와 단둘이 마시고 있다니.
여　그런 걸로?
남　츠치야 씨는 넘볼 수 없는 존재였으니까.

내일, 나는 누군가의 여자친구

男　やっぱ、俺、萌とするセックス、好きだわ。
女　よく言うよ。ほんとは、リナが好きなくせに。
男　いや、リナちゃんはさ、高嶺の花っていうか。手の届かない存在だしさ。

남　역시 나 모에랑 하는 거 좋아.
여　잘도 그런 말 한다. 사실은 리나 좋아하면서.
남　아니, 리나는 너무 과분한 상대라고 할지. 손이 닿지 않는 존재여서.

어휘

転落 전락, 추락　〜っぷり 모습, 모양새　未婚　実家暮らし　届く

21

雲の上

사는 세계가 다른, 꿈도 못 꾸는, 하늘 같은

'구름 위'라는 말의 雲の上는 '손이 닿지 않는 높은 곳'을 의미한다. 이성 관계와 관련해서 주로 쓰는 高嶺の花와는 조금 다르게, 雲の上는 성별과 상관없이 신분이나 지위 등이 자신과는 비교도 안 되게 훨씬 높거나 우러러보는 사람에게 쓰고, 사람뿐만 아니라 기관, 조직, 단체 등에도 쓴다. 문맥에 따라 '사는 세계가 다른', '꿈도 못 꾸는', '하늘 같은' 등의 여러 의미가 된다.

📺 이 사랑 데워드릴까요

男 えっ、てことは社長と？
女 だから違うって。なわけないじゃん。
男 だよね。社長なんて雲の上の人だし。

남 뭐, 그럼 시장님이랑 (사귀는 거야)?
여 그니까 아니라니까. 그럴 리가 없잖아.
남 그치? 사장님은 사는 세계가 다른 사람이고.

📺 드래곤 사쿠라

男 子どもの数が減少する中、定員3200名の東大は、かなり大きい大学です。合格平均点も年々下降していますし。もはや、雲の上の存在ではありません。

남 아이의 수가 줄어드는 가운데 정원 3,200명의 도쿄대는 꽤 큰 대학입니다. 합격 평균점도 매년 내려가고 있고, 이제는 꿈도 못 꾸는 곳이 아닙니다.

📺 리갈 하이

男 捜査1課で輝かしい実績を残してきたあなたは、所轄の若い刑事たちにとって、まさに雲の上の存在。歯向かうことなど、あり得ない。

남 수사 1과에서 화려한 실적을 남긴 당신은 관할서의 젊은 형사들에게 그야말로 하늘 같은 존재. 거스르는 일 따위는 있을 수 없죠.

어휘

定員 東大 合格平均点 年々 해마다 もはや 이제 와서는 輝かしい 빛나다, 훌륭하다 実績
刑事 まさに 실로, 마땅히 歯向かう 거스르다, 맞서다

22

ときめく 두근거리다, 설레다
ドキッとする 두근거리다, 덜컥하다

설렘으로 가슴이 두근거리는 것을 ときめく 라고 한다. 명사형 ときめき는 '두근거림', '설 렘'이란 뜻이다. 비슷한 표현으로 ドキドキ도 있다. 동사형 ドキッとする는 놀라움으로 가슴이 두근거린다는 뜻인데, 상황에 따라 '두근거리다', '덜컹하다', '철렁하다', '뜨끔하다' 등 여러 의미가 된다.

📺 별 볼 일 없는 나를 사랑해주세요

女 おや、このドキドキは何？もしかして 私、主任にときめいてる？

여 아니, 이 두근거림은 뭐지? 혹시 나 주임님에게 설레는 건가?

📺 처음 사랑을 한 날에 읽는 이야기

女 恋愛も仕事も趣味も何にも夢中になれな い。私の人生、何にもときめくことない まま、終わっちゃうのかな。

여 연애도, 일도, 취미도 뭐 하나 푹 빠 져서 하는 게 없다. 내 인생은 무엇 에도 두근거리는 일 없이 끝나버리 는 걸까?

📺 좋아하는 사람이 있다는 것

男 女の子って、浴衣着ると、２割増しでか わいく見えるよ。いつもと違う姿に、ド キッとしちゃうんだよね。

남 여자애는 유카타를 입으면 20% 더 예뻐 보여. 평소와 다른 모습에 두 근거리게 되지.

📺 이시코와 하네오

女 最近、結果、知るの怖くなってきちゃっ てさ、再検査って文字、見るだけでドキ ッとしない？

여 요즘은 결과를 아는 게 두려워져서, 재검사(건강검진)란 글자 보는 것만 으로도 가슴이 덜컹하지 않아?

어휘
主任しゅにん 浴衣ゆかた ２割にわり 20% 増しまし 증가 姿すがた 再検査さいけんさ

キュン 胸キュン 설렘, 심쿵
キュンとする キュンキュンする 심쿵하다

キュン 또는 胸キュン은 설렘이나 강한 감동으로 가슴이 찡해진다는 의미인데, 주로 좋아하는 사람에게 설렐 때 쓰는 경우가 많아서 '심쿵'이란 의미가 되기도 한다. 염려하고 챙겨주는 상대의 마음에 감동하거나, 머리를 쓰다듬거나 하는 등의 스킨십에 심쿵할 때도 사용한다. 동사로는 キュンとする 또는 キュンキュンする 라고도 한다.

📺 나의 누나

女 「あした地球が滅びるとしたら、最後に
何食べたい？」って質問に、胸キュンで
返してくれた男が、ずっと前にいた。

男 へー、なんて言ったの？

女 「なんでもいい。けど、ちはると一緒に
食べたい」

여 "내일 지구가 멸망한다면 마지막으로 뭐가 먹고 싶어?"란 질문에 심쿵하게 대답한 남자가 옛날에 있었어.

남 와, 뭐라고 했길래?

여 "뭐든 괜찮아. 하지만, 치하루와 함께 먹고 싶어."

📺 나의 누나

女1 あ〜どっかに出会いないかな。

女2 ホント！うん。

女3 えー、海老江さんはいるからいいじゃん。

女2 うーん、でもなんかキュンとしたい。

女1 キュンいいよね〜。

여1 아, 어디 새로운 만남 없나?

여2 정말 그러게.

여3 뭐? 에비에 씨는 있으니까 됐잖아.

여2 음, 그래도 뭔가 설레고 싶어.

여1 설레는 거 좋지.

🎬 그 아이의 포로

男 どういう映画なの？

女 人気少女漫画が原作のラブストーリー。
女の子がキュンキュンするやつ。

남 어떤 영화야?

여 인기 순정 만화 원작의 러브스토리야. 여자애들이 심쿵하는 거.

어휘

地球 滅びる 멸망하다, 사라지다 映画 漫画 原作

24

見惚れる 見とれる

넋 놓고 보다, 보고 반하다

惚れる는 '반하다'란 뜻인데, 아름답거나 멋진 사람 또는 경치 등에 푹 빠져서 넋 놓고 바라보거나, 보고 반하는 것을 見惚れる 또는 見とれる 라고 한다. 見ほれる 보다는 발음하기 쉬운 見とれる를 훨씬 더 많이 쓴다.

린코씨는 해보고 싶다

女1 住谷さん、坂崎さん。ぼう～っとしないで。

女2 先輩に見惚れてたんですよ。完璧だな～って。

여1 스미타니 씨, 사카자키 씨. 멍하니 있지 말고.

여2 선배를 넋 놓고 보고 있었어요. 완벽하다 싶어서.

연하 남자친구

男1 エリちゃん、かわいいな～。

男2 おい、見とれてないで行くぞ！

남1 에리 정말 귀엽다~.

남2 야, 넋 놓고 보지 말고 가자!

으랏차차 스모부

男 何？ 俺のスーツ姿に見とれちゃったとか？

女 バカ言え。

남 왜? 나의 정장 입은 모습에 반하기라도 한 거야?

여 바보 같은 소리 하지 마.

유리아 선생님의 붉은 실

女 何見とれてんの？

여 뭘 넋 놓고 보고 있어?

어휘

ぼうっと 멍한 모양 完璧

자연스러운 문장이 되도록 어울리는 표현을 골라서 적절한 형태로 만들어 넣으세요.

> 女っ気　奥手　物好き　理想が高い　ストライクゾーン　高嶺の花
> 雲の上　ドキッとする　胸キュン　見とれる

1. 彼女は奇麗だし、一流のピアニストだし、何か ＿＿＿＿＿＿＿

  ＿＿＿＿＿＿ の存在って感じ。

2. まずは女の子を ＿＿＿＿＿＿＿＿＿＿ させないと。

3. 急に下の名前で呼ばれて ＿＿＿＿＿＿＿＿＿ 。

4. お前には ＿＿＿＿＿＿＿＿＿ だよ。諦めた方がいい。

5. あまりのかわいらしさに、つい ＿＿＿＿＿＿＿＿＿ しまっ

  た。

6. あんな娘でも、もらってくれる ＿＿＿＿＿＿＿＿＿＿ がいる

  ならさ。

7. 彼、＿＿＿＿＿＿＿＿＿＿ 全然ないから、安心しな。

8. お前、中年親父とつきあってるってマジ？ ＿＿＿＿＿＿＿＿＿

  だろ。

9. 彼氏、いないの？何で？ ＿＿＿＿＿＿＿＿＿＿ んじゃない

  の？

10. 彼女がここまで恋に ＿＿＿＿＿＿＿＿＿＿ とは知らなかっ

  た。

ベタぼれ　ほれ込む　ほれぼれする

홀딱 반함, 푹 빠짐 　 매료되다, 완전 반하다 　 감탄하다, 넋을 잃다

'반하다'란 뜻의 惚れる 앞에 '빈틈없이 완전히'란 뜻의 べた가 붙어서 ベタぼれ가 되면, 어떤 사람에게 '홀딱 반함', '푹 빠짐'이란 뜻이 된다. 이에 반해 ほれ込む는 연애 감정보다는 인품, 능력, 작품 등의 뛰어남에 매료되는 것을 의미하고, ほれぼれする는 뛰어난 능력이나 멋진 모습을 보고 감탄한다는 의미이다.

 섹시한 타나카 씨

女 小西、光希にベタぼれだったもんね！

여 코니시가 미츠키한테 홀딱 반했었잖아!

 아내, 초등학생이 되다

女 貴恵、圭介さんにベタぼれだったからなあ。

여 타카에는 케이스케 씨에게 푹 빠져 있었으니까요.

 아직 결혼 못하는 남자

女 先方が桑野さんの建築に惚れ込んで、是非って言ってるそうなんです。
男 勝手に惚れ込まれてもな。

여 저쪽에서 쿠와노 씨의 건축에 완전히 반해서, 꼭 일을 해주셨으면 한대요.
남 멋대로 반하고 난리야.

 멘쯔유 혼밥

女 あるものでチャチャっとリゾットですか。ほれぼれしちゃいますね。

여 있는 재료로 쓱싹 리조토를 만들다니. 감탄하게 되네요.

어휘
先方 상대방, 저쪽 　 建築 　 是非

27

メロメロ 푹 빠져서 맥을 못 춤
デレデレする 끼 부리다, 애교 부리다, 실실대다

좋아하는 이성이나 손주의 재롱 등에 푹 빠져서 무장 해제되고 맥을 못 추는 상태를 メロ
メロ라고 한다. 이성에게 다정하게 대하거나, 어리광 부리는 등 평소 다른 사람 앞에서 보
이지 않던 행동을 하는 것을 デレデレする라고 하는데, '끼 부리다', '애교 부리다', '실실대
다' 등 상황에 따라 여러 의미가 된다.

 과보호의 카호코

女 加穂子の服、これ、どっちが男の人をメ
ロメロにできると思う？

여 카호코 옷, 이거 어느 게 남자가 푹 빠
지게(맥 못 추게) 할 것 같아?

 오늘은 회사 쉬겠습니다.

女 お父さんも、お母さんも、一華が子供連
れて来た時、メロメロだったもんね。

여 아빠도 엄마도 이치카가 애 데리고
왔을 때 좋아서 어쩔 줄 몰라 했잖아.

 결혼 예정일

女 結城さんって、二人きりだと、デレデレ
したりするんですか？

여 유우키 씨는 단둘이 있으면 애교 부
리고 그러나요?

 아오하라이드

男 馬渕の兄貴、女子高生相手にデレデレし
過ぎじゃね？

남 마부치의 형 말이야, 여고생을 상대
로 너무 실실대는 거 아니야?

어휘

兄貴　連れて来る　女子高生

ツンツンしてる 새침하다, 뾰로통하다
膨れる　むくれる 뾰로통해지다

ツンツンは '뾰족뾰족, 쿡쿡, 뾰로통함, 새침함' 등 여러 의미가 있어서, ツンツンする는 '쿡쿡 찌르다', ツンツンしてる는 삐쭉삐쭉한 모양이나 새침하거나 뾰로통해 있는 상태를 의미한다. 그래서 ツンツン과 デレデレ의 합성어인 ツンデレ가 겉으론 무심한 척하지만 실은 다정한 사람을 뜻한다. 膨れる는 '(배가) 부르다'란 뜻도 있지만, '뾰로통해지다'란 뜻도 있다. 비슷한 표현으로 むくれる(뾰로통해지다)와 ぶすっと(시무룩하게, 뾰로통하게)도 있다.

📺 아프로다나카

男1 どうよ？マキちゃん。	남1 마키 씨 어때?
男2 いや〜、なんか、ツンツンしてて。	남2 왠지 새침하게 있어요.
男1 お前、なんであの子がツンツンしてんだと思う？	남1 너, 왜 걔가 새침하게 있다고 생각해?
男2 性格なんじゃないっすか？もう、ああいう。	남2 원래 그런 성격 아닌가요?

📺 연하 남자친구

女 拓海のそういうところ、子どもっぽいよね。そうやって膨れて、私が「どうしたの？」って、言ってくれるの、待ってるんでしょ。	여 타쿠미의 그런 점은 애 같다니까. 그렇게 뾰로통해 가지고, 내가 "무슨 일이야?"라고 말해주길 기다리는 거지?

📺 마루모의 규칙

男 いつまでもぶすっとして、むくれやがって。ホントムカつくんですよ。	남 언제까지나 시무룩해 가지고, 뾰로통해 있고 정말 짜증 나요.

어휘

〜やがる ~해대다, ~하고 자빠지다　ムカつく 열받다

イチコロ

단번에 자신에게 빠지게 만듦, 단번에 넘어옴

イチコロは一撃(いちげき)でころりと倒(たお)れる(일격에 맥없이 쓰러지다)의 줄임말로, 사전에 '단번에 맥없이 짐'이라고 나온다. 하지만 실제로는 대부분 연애와 관련해서 많이 쓰는데, 누군가를 단번에 자신의 매력에 빠지고 넘어오게 만든다는 의미로 주로 쓴다.

📺 **과보호의 카호코**

男 なんか困ったことがあったら、なんでも
相談しろ。俺の言うとおりにすれば、ど
んな男もイチコロだから。

남 뭐 힘든 일 있으면 뭐든 상의해. 내
말대로 하면 어떤 남자도 단번에 넘
어오니까.

📺 **과보호의 카호코**

娘 ねえ、パパ、似合ってるかな?
父 うん、これなら、どんな男もイチコロだ
よ。
娘 大好きだよ、パパ。

딸 저기, 아빠. 잘 어울리는 것 같아?
아빠 응, 이거라면 어떤 남자도 바로 넘
어오지.
딸 아빠가 최고야.

📺 **짝사랑 미식 일기 2**

女 御子柴(みこしば)さんって、色気あるよね。
男 ありますね。
女 声とかさ、色っぽいよね。
男 あんな声でささやかれたら、八角(はっかく)さん、
イチコロかも。

여 미코시바 씨 색기 있지?
남 있죠.
여 목소리도 섹시하잖아.
남 그런 목소리로 속삭이면 핫카쿠 씨
도 단번에 빠질지도.

어휘

一撃(いちげき) 일격 ころり 맥없이 似合(にあ)う 色気(いろけ) 色(いろ)っぽい 요염하다

脈あり <small>(みゃく)</small> (짝지어질) 가능성 있음, 호감 있음

脈なし <small>(みゃく)</small> (짝지어질) 가망 없음

脈がある는 원래 '살아 있다', '아직 가망이 있다'란 뜻인데, 두 사람이 짝으로 이루어질 가능성이 있을 때도 脈あり라고 한다. 우리말로는 '가능성 있음', '호감 있음' 등의 의미가 된다. 반대로 연결될 가망이 없을 때는 脈なし라고 한다.

📺 사람은 겉모습이 100%

女1 昨日、シャンプーのサンプルもらって、感想のメールしたんだけど、そしたら即レス来た！

女2 脈ありじゃん！

女1 今度、２人でご飯行こうって誘ってみようかな。

여1 어제 샴푸 샘플을 받아서, 의견을 문자로 보냈더니 바로 답장이 왔어!

여2 호감 있는 거네!

여1 다음에 둘이서 식사하자고 물어볼까.

📺 행복해지자

男 向こうが少しでも小松原さんの仕事やプライベートについて質問してくれるようなら、脈ありのサインだと思って、積極的に頑張りましょう。

남 상대가 조금이라도 코마츠바라 씨의 일이나 사생활에 대해 질문을 해 온다면, 가능성 있다는 신호라고 생각하고, 적극적으로 노력해 봐요.

📺 닥터 화이트

女 お兄ちゃんはね。実は昔、麻里亜さんに１度告白して振られてんの。もうね、あれは、もう脈なしだから。

여 오빠는 말이야. 실은 예전에 마리아 씨에게 한번 고백했다가 차였어. 이미 그건 가망 없는 거야.

어휘

感想 <small>(かんそう)</small> 감상, 소감　即レス <small>(そく)</small> 즉시 답장함　誘う <small>(さそ)</small>　積極的 <small>(せっきょくてき)</small>　振られる <small>(ふ)</small>

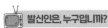

unit 16

アタックする (好きな人に) 들이대다, 고백하다
告る 고백하다 アプローチする 다가가다, 접근하다, 컨택하다

영어 attack(アタック)은 원래 '공격'이란 뜻이지만, 좋아하는 사람에게 アタックする라고 하면 '들이대다', '고백하다'란 뜻이 된다. 비슷한 표현으로 告白する(고백하다)의 줄임말인 告る도 있다. アプローチ(approach)する는 단순히 어떤 사람에게 '접근하다', '컨택하다'란 의미로도 쓰고, 호감 가는 사람에게 '다가가다'란 의미로도 쓴다.

📺 발신인은, 누구입니까?

女1	やっぱ、別れてた！
女2	よかったじゃん。
女1	こっからどうしていけばいいの？
女3	アタックしちゃいなよ。
女1	え〜っ、でも、だってモテるじゃん。

여1 역시 (여자친구랑) 헤어진 거 맞아!
여2 잘됐네.
여1 이제 어떡하면 좋지?
여3 들이대 봐.
여1 그치만 인기가 많잖아.

📺 발신인은, 누구입니까?

女 私さ。もう一度、育に告ろうと思ってるんだ。校外学習で告ってさ、一回フラれちゃったけど。

여 나 말이야. 한번 더 이쿠루에게 고백하려고 해. 야외 학습 때 고백해서 한번 차였지만.

📺 갑작스럽지만, 내일 결혼합니다

男 僕は自分からアプローチするのは苦手なんで、女性の方から来てもらえるとありがたいです。

남 저는 스스로 다가가는 걸 잘 못해서, 여성 쪽에서 다가와 주면 좋겠습니다.

어휘

苦手 校外学習 야외 학습

32

unit 17

言い寄る 구애하다, 다가가다, 대시하다, 꼬시다
口説く 꼬시다

言い寄る를 직역하면 '말을 걸며 가까이 다가가다'란 뜻으로, 호감 있는 사람과 가까워지기 위해 다가간다는 의미이다. 상황에 따라 '구애하다, 다가가다, 대시하다, 고백하다, 꼬시다' 등 여러 의미가 된다. 口説く는 '설득하다'란 뜻도 있고, 좋아하는 사람을 '꼬시다'란 의미도 있다.

딸바보 청춘백서

男 寛子ってさ、言い寄られると断れないタイプ？

女 ムリな人はムリだよ。

남 히로코는 구애를 받으면 거절 못하는 타입이야?

여 싫은 사람은 싫은 거지.

애니멀즈

男 恋人いるのに言い寄る方が問題でしょ？

남 애인이 있는데 다가가는 쪽이 문제잖아?

그랑 메종 도쿄

男 猟師の1人を口説いて、どうにかフレッシュを手に入れました。

女 さすが京野さん。

남 사냥꾼 한 명을 꼬셔서 어떻게 신선한 것(고기)을 구했어요

여 역시 쿄노 씨밖에 없어요

젊은이들

男1 なあ？どうやって口説いたんだよ？

男2 別に。まあ、趣味が同じで盛り上がって。

남1 저기, 어떻게 꼬신 거야?

남2 뭐, 취미가 같아서 분위기 좋아져서요.

어휘

断る　猟師 사냥꾼, 포획꾼　趣味　盛り上がる

33

ロックオンする

목표로 삼다, 꼬실 상대로 찜하다

영어 lock on은 원래 군사나 기술적인 용어로, 목표물을 조준하거나 추적한다는 의미인데, 일본에서 ロックオン은 원하는 것을 목표로 정하고 집중한다는 뜻으로 쓰인다. 연애와 관련해서는 집중적으로 꼬시려는 사람을 목표로 정한다는 의미이다. ロックオンする, ロックオンされる란 형태로 주로 쓰고, 君のハートにロックオン(너의 마음을 겨냥)처럼 쓰기도 한다.

📺 유토리입니다만 무슨 문제 있습니까

男1 思った通りでした。野上さん、あいあい
　　フーズにがっちりロックオンされてまし
　　た。

男2 「あいあい」って業界最大手の？

> 남1 생각한 대로였습니다. 노가미 씨가 아이아이푸드에 완전 전담 마크 당하고 있었어요.
>
> 남2 '아이아이'라면 그 업계 최대 기업?

📺 호쿠사이와 밥만 있으면

男 で？なぜお高い卵にロックオンしてるで
　　ござるか？

女 ふふ〜。卵は2月から4月にかけてが旬
　　なのですよ〜。

> 남 근데 왜 비싼 계란에 집중하고 계신가?
>
> 여 후후〜. 계란은 2월부터 4월까지가 제철이라고요〜.

📺 희미한 그녀

女1 神山先生、完全にロックオンされてますね。

女2 結婚、焦ってるから、大原先生。年齢
　　的に。

> 여1 카미야마 선생님이 완전히 목표물로 정해졌네요.
>
> 여2 오오하라 선생님은 결혼에 안달 났으니까요. 나이가 나이인 만큼.

어휘

がっちり 빈틈이 없고 단단한 모양　業界最大手 업계 최대 기업　卵 　旬 제철　焦る 조급하게 굴다, 안달
하다　年齢的 연령적

34

駆け引き 흥정술, 밀당
痴話げんか 사랑싸움

駆け引きは 원래 장사나 협상에서 자신에게 유리하게 이끄는 흥정술이나 처세술을 의미한다. 그러나 연애에 있어서는 상대방에게 애정을 표현했다가 무관심한 척했다가를 번갈아 하며, 상대가 자신에게 더 빠지게 하는 기술인 '밀당'을 의미한다. 참고로 사랑싸움은 痴話げんか라고 한다.

📺 이쪽을 봐줘 무카이군

女 賞味期限を早めないためには駆け引きが必要じゃない？全部、全部、イエスって言っちゃダメ。そして私は今日、その駆け引きに勝った。

여 유통기한이 빨리 끝나지 않게 하려면 밀당이 필요하잖아? 무조건 '예스'라고 하면 안 돼. 그리고 나는 오늘 그 밀당에서 이겼다.

📺 아재's 러브

女 恋愛は駆け引きが全てなんだから、頭使わなきゃ。

여 연애는 밀당이 전부니까 머리를 써야지.

📺 남자 가정부를 원해?

男 なるほど、恋も仕事も駆け引きが大事なんですね。

남 역시, 연애도 일도 밀당이 중요하네요.

📺 이 사랑 데워드릴까요

女 今、痴話げんかにつきあってる暇、ないから。

여 지금 사랑싸움에 관여할 여유 없다니까.

어휘

賞味期限 유통기한　早める 앞당기다　勝つ　暇

35

unit 20

思わせぶり 관심 있는 척하는 태도
気を持たせる 기대하게 만들다, 희망 고문하다

思わせぶり는 사귈 마음이 없으면서 상대가 기대하도록 '관심 있는 듯이 행동하는 태도'를 의미한다. 비슷한 표현인 気を持たせる도 사귈 마음이 없으면서 의미 있는 듯한 언동으로 '기대하게 만들다'란 뜻이다.

 마이 세컨드 아오하루

女 拓の時だってそうだよ。つきあう気なんてさらさらないのに、好かれてるのが気持ちよくて、思わせぶりな態度とってた。

여 타쿠 때도 그래. 사귈 마음은 조금도 없는데, 호감을 사고 있는 게 기분 좋아서, 관심 있는 것처럼 행동했어.

 그게 아닌 쪽의 그녀

男 その気がないくせに優しくすんなって話。思わせぶりなんだよ。いつも、いつも。

남 사귈 마음 없으면서 다정하게 대하지 말라고 기대하게 만들잖아. 항상.

 꽃보다 남자

男 司に、気を持たせるようなことしないで欲しいんだよね。

남 츠카사에게 기대심 갖게 하는 행동은 안 하면 좋겠어.

 우주를 누비는 쏙독새

男 ごめん、気を持たせてしまったなら、謝る。

남 미안, 희망 고문을 한 거라면 사과할게.

어휘

さらさら 조금도 態度 謝る

36

자연스러운 문장이 되도록 어울리는 표현을 골라서 적절한 형태로 만들어 넣으세요.

> ほれ込む　メロメロ　ツンツンしてる　イチコロ　脈あり　アタック
> する　言い寄る　ロックオン　駆け引き　思わせぶり

1. 変な ＿＿＿＿＿＿＿＿＿＿＿＿ なんてしないで、自分の思いをぶ
   つけたほうがいい。

2. 彼を本気で好きになって、猛烈に ＿＿＿＿＿＿＿＿＿＿＿＿ の。

3. あの子のハートに ＿＿＿＿＿＿＿＿＿＿＿＿ 。

4. 彼ほどあなたの作品に ＿＿＿＿＿＿＿＿＿＿＿＿ 人はいません
   よ。

5. 彼女に ＿＿＿＿＿＿＿＿＿＿ ら、つきあうの？

6. ＿＿＿＿＿＿＿＿＿＿ なことされても、勘違いしないほうが
   いいですよ。

7. 花火大会に誘って、OK してもらえたら、＿＿＿＿＿＿＿＿＿＿
   ってことですよ。

8. 彼女はちょっと ＿＿＿＿＿＿＿＿＿＿ けど、笑顔がかわい
   い。

9. こんな素敵なお店に連れてこられたら、女子はもう＿＿＿＿＿＿
   ＿＿＿＿＿＿＿＿ ですよ。

10. 俺の言うとおりにすれば、女を＿＿＿＿＿＿＿＿＿＿ にでき
    るぞ。

unit 21

乗(の)り換(か)える (다른 사람/회사)로 갈아타다
フェードアウトする 흐지부지 멀어지다

乗(の)り換(か)える는 원래 '(교통수단을) 갈아타다, 환승하다'란 뜻이지만, 연인과 헤어진 후 다른 사람과 사귀거나, 다른 회사로 옮길 때 '(새 사람으로/회사로) 갈아타다'란 의미로도 쓴다. フェードアウト(fade out)する는 제대로 이별을 고하지 않고, 의도적으로 흐지부지 헤어진 다는 뜻이다.

📺 전남친 리트라이

男 俺と別れたあとすぐ先輩に乗り換えてたじゃん！

女 乗り換えてない。相談しただけ！

남 나랑 헤어진 다음에 금방 선배로 갈아탔었잖아!
여 갈아탄 거 아니야. 상담한 것뿐이야!

📺 빠져든 남자에 차고 싶은 여자

男 ペガサスビールはうちの競合(きょうごう)だろ？辞めたとはいえ俺にもプライドはある。そう簡単にライバル企業に乗り換えられるかよ。

남 페가수스 맥주는 우리 경쟁사잖아? 회사는 관뒀어도 나도 자존심이 있어. 그렇게 쉽게 라이벌 기업으로 갈아탈 수 없다고.

📺 SUMMER NUDE

女 光(ひかる)さん、メールの返事、全然くれないんですよね。このまま光さんとはフェードアウトしていく運命なんですかね？

여 히카루 씨가 문자 답장이 전혀 없어요. 이대로 히카루 씨랑은 서서히 멀어지는 운명일까요?

📺 아내, 초등학생이 되다

女 関西に行くってあれ、嘘か。フェードアウトするつもりだったんだ。

여 간사이로 간다는 거 거짓말이었네. 흐지부지 헤어질 작정이었어.

어휘
相談(そうだん) 競合(きょうごう) 서로 경쟁함 運命(うんめい) 関西(かんさい) 嘘(うそ)

38

切り替え早い

마음 정리가 빠르다, (이별이나 안 좋은 일을) 금방 잊다

切り替える는 '전환하다'란 뜻으로, 헤어진 사람을 금방 잊고 새 사람을 만나거나, 의기소침했던 사람이 아무 일도 없었다는 듯이 금방 스스로 기분을 전환하거나, 원하던 것을 포기하고 금방 새로운 것을 노리거나, 상대방의 말에 수긍해서 바로 자신의 의견을 바꾸는 것 등을 切り替え(が)早い라고 한다. 상황에 따라 '마음 정리가 빠르다', '이별이나 안 좋은 일을 금방 잊다', '질질 끌지 않다', '갈아타는 게 빠르다', '마음/기분/태세 전환이 빠르다' 등 여러 의미가 된다.

과보호의 카호코

父 麦野君のこと、ホントにいいのか？いや、だからホントに好きだったんだろ？

娘 分かってないな〜 女はね、こうと決めたら、切り替え早いんだから。いつまでも過去のことで、ウジウジしてても、しょうがないっしょ。

아빠 무기노 일은 정말 괜찮은 거야? 아니, 그러니까 진심으로 좋아했었잖아?

딸 (여자를) 잘 모르네~ 여자는 있잖아. 한번 정하면 마음 정리도 빠르다니까. 언제까지 과거 일로 머뭇거릴 순 없잖아.

그 인연, 전해드립니다

男1 女は切り替え早いって言うもんなぁ。

男2 にしても、いくらなんでも、薄情すぎんだろうよ。

남1 여자는 마음 정리가 빠르다고 하잖아.

남2 그렇다고 해도, 아무리 그래도 너무 매정하잖아.

남자 가정부를 원해?

女1 松平さんから聞いたわよ。契約のこと引きずってんの？

女2 いえ、大丈夫です。私、切り替え早いんで。

여1 마츠다이라 씨한테서 들었어. 계약 건 아직 마음에 두고 있는 거야?

여2 아뇨, 괜찮습니다. 저야 금방 잊으니까요.

어휘

ウジウジ 머뭇머뭇　薄情 야박함, 매정함　契約　引きずる 못 잊다, 담아두다

unit 23

くっつく 짝으로 연결되다, 눈이 맞다
くっつける (사귀도록) 이어주다

자동사 くっつく는 '들러붙다', 타동사 くっつける는 '들러붙게 하다'란 뜻이지만, 연애에 있어서 くっつく는 두 사람이 눈이 맞아 '짝으로 연결되다'란 뜻이고, くっつける는 두 사람이 짝이 되도록 '이어주다'란 뜻이다.

📺 굿모닝 콜

女1 ねえ、今日もやり合ってたね。上原君と北浦さん。

女2 もうさ、あの2人、くっついちゃえばいいのに。

女1 確かに、めっちゃお似合い。

여1 저기, 오늘도 다투더라. 우에하라랑 키타우라.
여2 그냥 둘이 사귀면 좋을 텐데.
여1 맞아. 엄청 잘 어울려.

📺 한밤중의 베이커리

男 あの子の母親、新しい男とくっついて、今や、ハッピーハッピーだそうよ。

남 그 애 엄마는 새 남자랑 눈이 맞아서 지금은 아주 잘 살고 있다네.

📺 내 이야기는 길어

男 急がないと、姉ちゃんたち、檀野さんと母さん、くっつけようとしてますよ。

남 서둘러야 해요. 누나 부부가 단노 씨와 엄마를 이어주려고 하고 있어요.

📺 지속 가능한 사랑입니까?

男 虹朗、俺と杏花ちゃん、くっつけようとしてるんだよ。

남 니지로는 나랑 쿄카 씨를 이어주려고 하는 거야.

어휘

やり合う 다투다　母親　ハッピー Happy

40

unit 24

デキてる

(남들 모르게) 연인 사이가 되다, 잠자는 사이가 되다

できる는 '연인 관계가 되다'란 뜻도 있는데, 보통 デキてる의 형태로 해서, 남들 모르게 연인 사이가 되거나, 잠자는 사이가 되는 것을 의미한다. 회사나 학교 내에서 비공개로 만나는 경우일 수도 있고, 부적절한 관계일 때도 있다. 우리말로는 상황에 따라 '그렇고 그런 사이', '눈이 맞다', '사귀다' 등의 의미가 된다.

 황혼 유우사쿠

男1 焼き肉に2人で来る男女って、だいたいデキてんだよなぁ。

男2 どうかな。昔はよくそんなこと言ってたけど。

남1 고깃집에 둘이 오는 남녀는 대부분 그렇고 그런 사이란 말이지.

남2 글쎄, 예전엔 자주 그런 얘기 했었는데.

집필 불가! 각본가 케이스케 씨의 각본 없는 인생

息子 僕の学校にはいるよ、イケメンの先生。2組の土屋君のお母さんとデキてるんだって。

父 えっ？デキてる？

息子 土屋君、言ってたもん。「夜、うちに来る」って。

아들 우리 학교엔 있어, 잘생긴 선생님. 2반의 츠치야 엄마랑 눈이 맞았대.

아빠 뭐? 눈이 맞아?

아들 츠치야가 말했어. "밤에 우리 집에 와."라고.

이 남자는 인생 최대 실수입니다

女1 ねえねえ、社長とデキてんの？

女2 はっ？

女1 みんなウワサしてるよ。

女2 いや、違います！

여1 저기, 사장님이랑 사귀는 거야?

여2 네?

여1 다들 얘기하고 있어.

여2 아니, 아니에요!

어휘
男女 だんじょ **2組** にくみ **噂をする** うわさ 남 얘기를 하다

41

ベタベタする

끈적끈적하다, (연인처럼) 달라붙다

べたべたは '끈적끈적' 들러붙는 모양을 나타내는데, 땀으로 옷이 끈적끈적 들러붙거나, 손에 뭐가 묻어 끈적거릴 때도 쓰고, 두 사람이 연인처럼 사이좋게 '달라붙다'란 의미로도 쓴다. 그리고 사이좋게 또는 밀접하게 착 달라붙어 있는 모양을 べったり 라고 한다.

📺 **유루캠프**

女 でも、最後に洗剤で洗わないと、ベタベタしない？

여 근데 마지막에 세제로 씻지 않으면 끈적끈적하지 않아?

📺 **실연 쇼콜라티에**

女 彼女が、前、言ってたいい感じになってるって人？

男 いい感じっていうか、あの子は、ただの友達だよ。

女 えー？友達？友達はあんなべたべたしないよ。嘘だ。

여 그녀가 전에 말했던 잘되고 있다는 사람이야?

남 잘되고 있다기보다 쟤는 그냥 친구야.

여 뭐? 친구? 친구는 그렇게 안 달라붙지. 거짓말.

📺 **유리아 선생님의 붉은 실**

女 ちょっと… 人前でベタベタするの嫌なんだけど。

여 좀… 사람들 앞에서 달라붙는 거 싫다고.

🐱 **뻐꾸기 커플**

男 結局、幸と天野さんはベッタリで、全然、話すタイミングなかったな。

남 결국 사치랑 아마노가 계속 붙어 있어서, 전혀 말할 기회가 없었네.

어휘

洗剤　嘘　人前

unit 26

相合い傘 <small>あいあがさ</small> (남녀가) 우산 함께 쓰기

お姫様だっこ <small>ひめさま</small> 공주님 안기　恋人つなぎ <small>こいびと</small> 깍지 끼고 손잡기

相合い傘는 한 우산을 남녀가 같이 쓰는 것을 말하는데, 특히 사귀지 않는 두 사람이 함께 우산을 쓰고 로맨틱한 분위기가 되는 것을 의미한다. 抱っこ는 '(품에) 안음'이란 뜻으로, 주로 아이를 안을 때 抱っこする라고 한다. お姫様だっこ(공주님 안기)는 동화에서 왕자가 공주를 안는 모습으로, 남자가 여자를 옆으로 안고 드는 것을 의미한다. 恋人つなぎ는 연인 사이의 두 사람이 깍지 끼고 손잡는 것을 말한다.

📺 메꽃 ~ 평일 오후 3시의 연인들 ~

女 あの人はたぶん、私のことを誰とでも相合い傘をする軽い女だと思ったでしょう。

여 그 사람은 아마 내가 아무나 하고 우산을 같이 쓰는 가벼운 여자라고 생각했겠지.

📺 핫 마마

男 抱っこしてみます？

남 (아이) 안아볼래요?

📺 발신인은, 누구입니까?

女 昨日、美月が倒れたときさ。美月のこと、保健室に運んだの、一ノ瀬だよ。しかも、お姫様だっこ！

여 어제 미츠키가 쓰러졌을 때 말이야. 미츠키를 양호실로 옮긴 사람이 이치노세야. 그것도 공주님 안기로!

📺 도망치는 건 부끄럽지만 도움이 된다

女 恋人なら、ソファーで横並びです。二人並んで座って、手を恋人つなぎして、一緒にテレビを見たりするんです。恋人なら。

여 연인이라면 소파에 옆으로 나란히 앉아요. 둘이 나란히 앉아서 깍지 끼고 손잡고, 함께 TV를 보거나 하죠. 연인이라면요.

어휘

倒れる <small>たお</small>　保健室 <small>ほけんしつ</small> 양호실　運ぶ <small>はこ</small>　横並び <small>よこなら</small> 옆으로 나란히

43

いちゃつく イチャイチャする

애정 행각을 벌이다, 꽁냥꽁냥하다, 꽁냥거리다

남녀가 사이좋게 노닥거리며 가벼운 스킨십을 하고 애정 행각을 벌이는 것을 いちゃつく 또는 イチャイチャする 라고 한다. 상황에 따라 '애정 행각을 벌이다', '꽁냥꽁냥하다', '꽁냥거리다' 등이 된다. イチャイチャ와 같은 의미로 イチャコラ도 있다.

📺 라스트 신데렐라

女 桜さん。お店でいちゃつくの、やめてもらえません？

여 사쿠라 씨, 가게에서 꽁냥꽁냥하는 거 그만해 주실래요?

📺 장난스런 키스~러브 인 도쿄

男 あれ？あの子、お前に告白した子じゃないの？もう別の男といちゃついてるよ。

남 어? 쟤, 너한테 고백했던 애 아냐? 벌써 다른 남자랑 꽁냥거리고 있는데.

📺 단신화일

(어린 딸이 부모에게)

女の子 もう、人前でイチャイチャしないで。恥ずかしいから。

여아 좀, 남들 보는 데서 꽁냥꽁냥하는 것 좀 하지 마. 창피하니까.

📺 스위치

男 図書館でイチャイチャしてるカップルいたら？全員、勉強できなくなるよね。「1個ダメ」が「全部ダメ」になるの。

남 도서관에 애정 행각 벌이는 커플이 있으면 어떻겠어? 모두 공부가 안 되겠지? 하나가 잘못되면, 전부 못 쓰게 되는 거야.

어휘

別　1個

44

unit 28

のろける
애인(아내/남편) 얘기를 자랑삼아 늘어놓다

애인 또는 아내나 남편 얘기를 자랑삼아 늘어놓는 것을 のろける라고 한다. 명사형은 の
ろけ라고 하고, 그런 자랑 이야기는 のろけ話라고 한다. 일반적인 자랑 얘기는 自慢話라
고 한다.

 사랑입니다! ~양기 군과 흰지팡이 걸~

男 イズミにあんまりのろけないでやれよ。
何か別れたばっかりみたいだし。

남 이즈미한테는 남친 얘기 너무 자랑
하지 마. 애인이랑 막 헤어진 모양
이야.

 이 첫사랑은 픽션입니다

女1 祖父江君の用件は何だったの？
女2 分かんなかった。でも、声が聞けてよ
かったって。
女1 のろけかよ！

여1 소부에의 용건은 뭐였어?
여2 몰라. 근데 목소리 들을 수 있어서
좋았대.
여1 자랑질이야!

 사일런트

母 毎日、会いに来なくていいって言うから
さ、お父さん。本当に会いに行かなかっ
たのね。1週間ぐらい。
娘 えっ、それで？
母 今日は来ないの？って、メールが来るよ
うになった、毎日。
娘 フッ…、お父さん、会いたいんじゃん。
母 会いたいんだったら行くけどって。
娘 何それ、のろけ話？

엄마 아빠가 매일 보러 안 와도 된다고
해서, 정말로 보러 안 갔어. 일주
일 정도.
딸 그래서?
엄마 "오늘은 안 와?"라고 문자가 오게
됐어. 그것도 매일.
딸 아빠, 보고 싶은 거네.
엄마 "보고 싶은 거면 가고"라고 답했
지.
딸 뭐야, 자랑하는 거야?

어휘

用件

45

年頃
とし ごろ

나이대, 한창때, 결혼할 나이

年頃는 ～年頃나 あの年頃라고 하면 '~할 나이', '그 나이대'처럼 문맥에 따라 다양한 나이대를 가리킨다. 특별히 가리키는 것 없이 그냥 年頃나 お年頃라고 하면 '한창때' 또는 '결혼할 나이'를 의미한다. 결혼 적령기를 의미하는 단어로 適齢期도 있다.

블랭킷 캣

女 美咲先生も、秀亮さんも、そろそろ老後を考える年頃ですよ。

여 미사키 선생님도 슈스케 씨도 슬슬 노후를 생각할 나이예요.

과보호의 카호코

女 あの年頃の男の子っていうのはみんなオオカミなんだから。

여 그 나이대의 남자애들은 모두 늑대란 말이야.

카나카나

男1 そういや、沙和ちゃん、今日来なかったな。
男2 だね。お忙しいですかね。お年頃ですからね～。

남1 그러고 보니 사와 씨 오늘 안 왔네.
남2 그렇네. 바쁜가? 한창 나이대니까.

그 인연, 전해드립니다

男 お前もお年頃なんだから、そろそろいい人、見つけた方がいいんじゃないのか？

남 너도 결혼할 나이니까 슬슬 괜찮은 사람 만나는 게 좋지 않아?

어휘

老後 オオカミ 늑대

玉のこし 결혼으로 팔자 고침
寿退社 결혼을 계기로 퇴사

玉の輿는 원래 신분이 높은 사람이 타는 가마를 뜻하는데, 현재는 부잣집에 시집가서 부유하고 높은 신분이 되는 것을 의미한다. 그래서 玉のこしに乗る라고 하면 '부잣집에 시집가다'가 된다. 그리고 결혼을 계기로 퇴사하는 것을 寿退社(ことぶきたいしゃ)라고 하는데, 결혼해서 남편이 돈을 벌어오니 더 이상 일을 안 해도 된다는 의미로 주로 쓴다.

🎬 불량소녀, 너를 응원해!

女 そんなすごいの？慶應。

男 私学の最高峰だぞ。人材も集まるし、モデルや女子アナになる率も高まる。玉のこしも夢じゃないぞ。

여 그렇게 대단해? 게이오

남 사립학교 중에서 최고봉이야. 인재들도 모이고, 모델이나 여자 아나운서가 될 확률도 올라가지. 시집 잘 가서 팔자 고치는 것도 꿈이 아니야.

📺 새로운 왕

女 何か今の子、すっごい金持ちの玉の輿に乗ったって噂なんだよね。

여 방금 애, 엄청난 부잣집에 시집간다는 소문이더라고

📺 이건 경비 처리할 수 없습니다!

女 いいな〜。私も寿退社した〜い。

여 좋겠다~ 나도 결혼해서 퇴사하고 싶다~

📺 임시 남자친구

女1 寿退社するんですよね？

女2 いいな〜 夢の専業主婦！さすが、美樹さん！

女3 嫌だ〜。何、言ってんの？

여1 결혼으로 퇴직하시죠?

여2 좋겠다~ 꿈의 전업주부! 역시 미키 씨!

여3 아니, 무슨 소리야?

어휘

私学 사립학교　最高峰 최고봉　人材 인재　率 비율, 확률　高まる 높아지다　専業主婦 전업주부　嫌

自然스러운 문장이 되도록 어울리는 표현을 골라서 적절한 형태로 만들어 넣으세요.

> 乗り換える　切り替え　くっつける　デキてる　ベタベタ　相合い傘
> イチャイチャ　のろけ　年頃　玉のこし

1. 気になる人と ＿＿＿＿＿＿＿＿＿＿ してキュンとした。

2. 彼女は社長の息子と結婚して ＿＿＿＿＿＿＿＿＿＿ に乗った。

3. あの二人 ＿＿＿＿＿＿＿＿＿＿ してたよな？何か怪しい。

4. A：彼はいっつも私のこと、最優先に考えてくれるんだよね。

   B：なんだよ。＿＿＿＿＿＿＿＿＿＿ かよ！

5. あの２人を ＿＿＿＿＿＿＿＿＿＿ ための飲み会なの。

6. 彼女は試練_{しれん}に弱いタイプだから、何かあったら、ころっと別の

   男に ＿＿＿＿＿＿＿＿＿＿ ちゃうわよ。

7. 彼女も ＿＿＿＿＿＿＿＿＿＿ だし、ボーイフレンドの１人や

   ２人ぐらいはいるんじゃない。

8. ちょっと、職場で ＿＿＿＿＿＿＿＿＿＿ するの、やめてもら

   っていい？

9. やっぱ２人って ＿＿＿＿＿＿＿＿＿＿ んの？

10. もう新しい彼氏ができたって。＿＿＿＿＿＿＿＿＿＿ 早す

    ぎない？

ちょっかい出す
이성에게 집적대다, 남의 일에 참견하다

もてあそぶ
가지고 놀다

ちょっかい는 고양이가 호기심에서 앞발로 물건을 끌어당기는 것을 뜻하며, ちょっかい(を)出す는 가벼운 마음으로 이성에게 집적대거나, 남의 일에 참견한다는 의미이다. 그리고 もてあそぶ는 사람 또는 사람의 마음을 가지고 논다는 의미이다.

봄은 짧으니 사랑하라 남자.

男1 お前、何で橘にちょっかい出すんだよ？

男2 言ったじゃん。興味があるって。

남1 너 왜 타치바나한테 집적대는 거야?

남2 말했잖아. 관심 있다고.

드래곤 사쿠라

女 とにかく、勇介には私っていう彼女がいるの。幼なじみだからって、変なちょっかい出すの、やめてね。

여 아무튼 유스케한테는 나란 여자친구가 있으니까, 소꿉친구라고 괜히 집적대는 거 그만둬.

아이즈

女 先輩ひどい！私のこと、もてあそんだんだ。

여 선배 너무해! 날 가지고 논 거네.

디어 시스터

男 俺のこと、もてあそんでるわけじゃないですよね？気持ちは知ってるけど、応えられないから、知らないふりをしてるだけですよね？

남 저 가지고 노는 거 아니죠? 제 마음은 알지만 거기에 응할 수 없어서, 모르는 척하는 거죠?

어휘

幼なじみ 소꿉친구   応える 응하다, 부응하다

49

色目使う
<ruby>色目使<rt>いろめつか</rt></ruby>う

끼 부리다, 눈길을 주다, 추파를 던지다

色目는 이성의 관심을 끄는 눈빛을 뜻하는데, 色目(を)使う는 그런 눈빛을 이용한다는 표현이므로, '끼 부리다', '(호감 있는 듯한) 눈길을 주다', '추파를 던지다' 등의 의미가 된다.

🐱 도메스틱 그녀

女1 ねえ、ヒナってさ、色目使ってない？

女2 あっ、それ、私も思ってた。なんか、男子と話すとき、態度、違うよね。マミが芝田のこと好きなの知っててさ。

여1 저기, 히나 말이야. 끼 부리는 것 같지 않아?

여2 아, 그거 나도 느꼈어. 뭔가 남자랑 얘기할 때 태도가 달라. 마미가 시바타 좋아하는 거 알면서 말이야.

📺 처음 사랑을 한 날에 읽는 이야기

女1 そうやって独身アラサーが若い男子高生に色目使って楽しんでるんでしょ。

女2 何言ってんの。いくらなんでも高校生なんて犯罪だって。

여1 그렇게 독신에 서른이나 된 사람이 어린 남고생에게 눈길 주면서 즐기는 거죠?

여2 무슨 소리야. 아무리 그래도 고등학생이랑은 범죄라고

📺 모테키

男 つーか、全部向こうから言い寄ってきたの。俺は一切、色目使ってねえし、俺は普通の友達として接してただけ。

남 그게 전부 상대방이 다가온 거야. 나는 일절 추파를 던지지 않았고, 그냥 친구로서 대한 것뿐이야.

📺 과보호의 카호코

女 あなた、ムダに爽やかで、ムダにいいこと言うから、結婚してもほかの女に色目使うんじゃないの？

여 당신 쓸데없이 산뜻하고 쓸데없이 말을 잘하니까, 결혼해도 다른 여자한테 눈길 주는 거 아니야?

어휘

<ruby>態度<rt>たいど</rt></ruby> アラサー 30세 전후의 사람 <ruby>犯罪<rt>はんざい</rt></ruby> <ruby>接<rt>せっ</rt></ruby>する 접하다, 만나다 <ruby>無駄<rt>むだ</rt></ruby>に 쓸데없이 <ruby>爽<rt>さわ</rt></ruby>やか 산뜻함

unit 33

色気づく
이성을 의식하고 신경 쓰다, 이성에 눈뜨다

色気는 '색기(성적 매력)'란 뜻도 있지만, '이성에 대한 관심'이란 뜻도 있다. 色気づく는 사전에 '성에 눈뜨다'라고 나오는데, 이성을 의식해서 외모에 신경 쓰거나, 호감을 드러내는 등 '이성을 의식하고 신경 쓰다'에 좀 더 가깝다. 성에 눈뜨는 청소년뿐만 아니라, 성인도 그런 모습을 보일 때 사용한다.

 11명이나 있어!

男 お前、ピアス開けてんの？	남 너 귀 뚫었어?
女 高校入ったら開けんの。	여 고등학교에 올라가면 뚫을 거야.
男 ダメ！色気づきやがって。	남 안 돼! 어린 게 벌써 그런 거나 신경 쓰고.

 아와오와 카타코

(귀걸이를 발견하며)

男 えっ、何これ？らしくないもん持ってんじゃん。三十路前にして、やっと色気づいてきたってわけ？どうしたの？	남 어, 뭐야 이거? 누나답지 않은 거 가지고 있네. 서른 다 되어서 겨우 이성에 눈을 뜬 거야? 어쩐 일이야?

📺 **별 볼 일 없는 나를 사랑해 주세요**

(같이 일할 알바생이 곧 온다고 하자)

女 殿方がいらっしゃるんですか？	여 남자분이 오시나요?
男 何、急に色気づいてんだよ。	남 뭘 갑자기 신경 쓰고 그래?
女 本能？	여 본능?

어휘

三十路 서른 살, 삼십   殿方 남자분, 신사분   本能

51

unit 34

ムラムラする

흥분하다, 꼴리다, 발정나다

むらむらは 감정이 불끈불끈 솟구쳐 오르는 모양을 나타내는데, 특히 성적인 충동이 솟아오를 때 많이 쓴다. 상황에 따라 '흥분하다', '꼴리다', '성적 충동이 생기다', '발정나다' 등의 의미가 된다.

 다음 생에는 제대로 하겠습니다

女 これは本当にマズい。密室空間でいい容姿をした異性と2人っきり。これは同僚相手とはいえ、ムラムラしてしまう。

여 이건 정말 곤란해. 밀실 공간에서 괜찮은 외모의 이성과 단둘이라니. 이건 상대가 동료라고 해도 흥분하게 돼.

 다음 생에는 제대로 하겠습니다 2

女 自分を異性として意識してくれる男性が目の前にいるというのに、まったくムラムラしない！

여 자신을 이성으로 봐주는 남자가 눈앞에 있는데도 전혀 흥분되지 않아!

 아프로디나카

女 やらないの？ムラムラしたから来たんでしょ？

여 안 할 거야? 꼴려서 온 거잖아?

 데이지 럭

女 そのヨーロッパ帰りの男には、ドキドキとか、ムラムラとか、しないの？

여 그 유럽에서 돌아왔다는 남자한테는 설렘이나 충동 같은 거 생기지 않아?

어휘

密室空間 밀실 공간　容姿 얼굴과 몸매, 자태　異性　同僚

52

手が早い 여자와 금방 잠을 자다

やり逃げ 하고 도망감

手が早い는 원래 '일을 척척 잘 해내다'란 뜻이지만, 실제론 '여자와 금방 관계를 가지다'란 뜻으로 더 많이 쓴다. 키스나 관계 이후 연락하지 않고 도망가는 것은 やり逃げ라고 한다.

📺 그랑 메종 도쿄

男 尾花夏樹は料理のためなら何だってする。あと女性にも手が早いから気をつけて。

남 오바나 나츠키는 요리를 위해서라면 뭐든 하죠. 그리고 여자한테도 금방 손을 대니까 조심해요.

📺 장난스런 키스~러브 인 도쿄

男 なあ、入江って、手が早かったっけ？

女 え？いやあ、それほど。むしろ、奥手かもしんないです。

남 저기, 이리에가 진도를 빨리 빼던가?

여 네? 아뇨, 그다지. 오히려 소극적일지도 몰라요.

📺 아오하라이드

女 告白もなしにキスされて… えっ、そのまま放置されてるってこと？馬渕君、ひどい。あんまりだよ、やり逃げなんて。

여 고백도 안 하고 키스하고… 그대로 방치한다고? 마부치 너무하네. 하고 도망가다니 너무해.

📺 도쿄 타라레바 아가씨

女 だって… まあ、仮にね？ヤリ逃げされたとしても、な〜んにもないよりマシじゃない？えっ、だって、相手は年下のイケメンモデルだよ。あざ〜っす！って感じがしなくもないけど。

여 그러니까… 뭐, 설령, 하고 도망갔다고 하더라도, 아~무 일도 없는 것보단 낫지 않아? 왜냐면 상대는 연하의 잘생긴 모델이라고. '땡큐!'란 생각이 안 드는 것도 아닌데.

어휘

奥手 あんまり 너무함 あざっす ありがとうございます를 줄인 캐주얼한 표현

女<small>おんな</small>たらし 女<small>おんな</small>ったらし 난봉꾼, 색마, 바람둥이

尻軽<small>しりがる</small> 몸가짐이 헤픔

女<small>おんな</small>たらし는 여자를 꼬셔서 데리고 논다는 뜻으로, '난봉꾼, 색마, 바람둥이'를 의미한다. 女ったらし라고도 한다. 그리고 '엉덩이가 가볍다'란 뜻의 尻軽<small>しりがる</small>는 여자가 몸가짐이 헤픈 것을 의미하는데, 尻軽な女<small>おんな</small> 또는 尻軽女처럼 사용한다.

📺 독신 귀족

女 顔、かなりイケてるし、結構、紳士的<small>しんしてき</small>だし、話も面白いよ。でも、相当な女<small>おんな</small>たらしだけどね。

여 얼굴 아주 잘생기고, 매너도 꽤 좋고, 얘기도 재밌어. 하지만 엄청 색마지만.

📺 신의 편애

女 お願いだから、ケンタには関わらないでほしいんだよね。あいつ、マジで女ったらしだし、もう、あっちこっちの女に手出して、とっかえひっかえして…。

여 부탁이니까 켄타랑은 엮이지 않았으면 좋겠어. 걔 진짜 바람둥이고, 여기저기 여자한테 손대고, 자주 여자 갈아치우고…

📺 헝그리!

男 こんなすぐにでも、何かしでかしそうな軽薄<small>けいはく</small>な男に付いてくるなんて、お前はいつからそんな尻軽な女になったんだよ。

女 尻軽？何なの？それ。前々<small>まえまえ</small>から思ってたけど失礼すぎる。

남 이렇게 금방이라도 뭔가 저지를 것 같은 경박한 남자를 따라오다니, 너 언제부터 그렇게 헤픈 여자가 된 거야?

여 헤프다고? 뭐야? 그게. 전부터 생각했지만 너무 예의가 없어.

어휘

とっかえひっかえ 이것저것 연달아 바꾸는 모양　しでかす 저지르다　前々<small>まえまえ</small> 이전, 오래 전

寝取る 잠자서 빼앗다
恋敵 연적

寝取る를 직역하면 '잠자서 빼앗다'인데, 남의 배우자나 애인과 정을 통하여 빼앗는 것을 의미한다. 그리고 '사랑의 경쟁상대', '연적'은 恋敵라고 한다.

📺 **언락키 걸!**

女1 私ね、昔… あの子に彼氏、寝取られたの。

女2 彼女がいることも、それが、あなただってことも知らなかった。

여1 나, 예전에 쟤한테 남자친구를 빼앗겼어.

여2 여자친구가 있는지도, 그게 당신이었는지도 몰랐어.

📺 **다음 생에는 제대로 하겠습니다**

男 初めての彼女を思い出す。大事にしていたが、いけ好かないイケメンに寝取られた。

남 첫 여자친구가 생각난다. 소중히 대했는데, 아주 맘에 안 드는 미남에게 빼앗겼다.

📺 **검은 가죽 수첩**

女 楢林先生を寝取ったんでしょ?

여 나라바야시 선생님을 빼앗아 갔지?

📺 **소란스럽게 밥**

女1 英治、どうしたの?

女2 恋敵とバチバチやっちゃったんだって。

여1 에이지 왜 그래?

여2 연적이랑 한바탕 했대.

어휘

いけ好かない 아주 맘에 안 든다   バチバチ 불꽃이 튀는 소리, 상대를 위협하는 모습

本命
ほんめい

1지망, 진심으로 좋아하는 사람

本命는 '가장 원하는 것'이란 뜻으로, 1지망 학교나 학과를 지칭할 때도 쓰지만, 보통 연애에 있어서 '진심으로 좋아하는 사람'이란 뜻으로 많이 쓴다. 두 명 이상을 만날 경우 그중 진심으로 좋아하는 사람을 가리키거나, 짝사랑일 경우에도 사용한다. 그래서 진심으로 주는 초콜릿은 本命チョコ, 동료나 친구에게 의리나 우정으로 주는 초콜릿은 義理チョコ, 友チョコ라고 한다.

📺 연하 남자친구

女 じゃあ、ずっと浮気してたってこと？

男 浮気相手はお前のほうね。あっちが本命だから。

여 그럼 쭉 바람피웠다는 거야?

남 바람피운 상대는 너야. 저쪽이 진심으로 좋아하는 사람이고

📺 임시 남자친구

女 言ったじゃないですか。直人は本命が見つかるまでのつなぎだって。

여 말했잖아요. 나오토는 운명의 상대를 만날 때까지 땜빵이라고.

📺 코미 양은, 커뮤중입니다

男 いや〜本命チョコはないだろうけどさ、友チョコくらいだったらもらえるよね。

남 아니, 본심 초콜릿은 아니더라도, 우정 초콜릿 정도는 받을 수 있겠지.

📺 파견 점술사 아타루

女1 やっぱり男の人たちに義理チョコあげなきゃまずいかなって。

女2 そういうの、もうやめようって、去年、決めたよね。

여1 역시 남자들에게 의리 초콜릿 줘야 하지 않나 싶어서.

여2 그런 거 이제 하지 말자고 작년에 정했잖아.

어휘

浮気相手 つなぎ 막간 이용

56

胃袋をつかむ
밥통을 사로잡다, 요리 솜씨로 마음을 사로잡다

한국어에 '위'의 속어로 '밥통'이 있는 것처럼 胃袋도 '위'를 가리키는 속어이다. '밥통을 사로잡다'란 말인 胃袋をつかむ는 요리 솜씨로 좋아하는 사람의 마음을 사로잡는다는 의미이다.

📺 헝그리!

女 うちのママが言ってた。男の心をつかむには、男のハートじゃない、まずは胃袋をつかみなさいってね。

여 우리 엄마가 말했어. 남자의 마음을 사로잡으려면, 남자의 마음이 아니라, 우선 밥통을 사로잡으라고.

📺 도쿄 타라레바 아가씨

女1 私は料理で男を落とそうとするのとか嫌いなの。

女2 「男は胃袋をつかめ」ってよく言うのに？

여1 난 요리로 남자를 꼬시거나 하는 거 싫어.

여2 "남자는 밥통을 사로잡아라."라고 자주 말하는데도?

📺 과보호의 카호코

女 あっ、だから加穂子、あの… お弁当を作って持っていこうと思って。

男 お～いいね！あの… 男はね、胃袋をつかまれると落ちるっていうからな。

여 아, 그래서 카호코는 저기… 도시락 만들어서 가지고 가려고.

남 오~ 그거 좋네! 저기, 남자는 밥통을 사로잡으면 빠진다고 하니까.

📺 굿모닝 콜

妻 他にもっと手の込んだ料理も作ったでしょ。

夫 いや、コロッケで胃袋をつかまれたんだ。

아내 더 공들인 요리도 만들었잖아.

남편 아니, 고로케에 마음을 빼앗겼어.

어휘

手が込む 손이 많이 가다, 공들이다

売れ残る

うのこ 팔리지 않고 남다, 혼기를 놓치고 결혼 못 하다

売れ残り

うのこ 결혼 못 한 사람

売れ残る는 원래 '(상품이) 팔리지 않고 남다'란 뜻인데, 남녀 관계와 관련해서는 '혼기를 놓치고 독신으로 있다'란 뜻으로 쓰인다. '팔다 남은 물건'이나 '혼기를 놓치고 결혼 못 한 사람'은 명사로 売れ残り라고 한다. 아무도 손을 대지 않아 마지막까지 남은 독신 남자를 뜻하는 パセリ君이란 표현도 있다.

🖵 그랑 메종 도쿄

女 これ、昨日の売れ残りのカレーのほうが おいしいかもね。

男 一日寝かせてあるからね。

여 이거, 어제 팔다 남은 카레가 더 맛 있는 것 같네.

남 하루 동안 숙성이 됐으니까.

🖵 피넛 버터 샌드위치

男 早く相手見つけないと。売れ残っちゃう ぞ。はははっ。

남 빨리 상대를 찾지 않으면, 혼기 놓 치고 결혼 못 할 수 있어. 하하하.

🖵 결혼 상대는 추첨으로

女 こんなお見合いに来る男性なんて、売れ 残りでまともなレベルとは思えないわ。

여 이런 맞선에 오는 남자는 혼기도 지 나고 번듯한 수준은 아닐 것 같네.

🖵 저 결혼 못 하는 게 아니라, 안 하는 겁니다

男 仕事が魅力的だからお前が売れ残ったん じゃない。お前に魅力がないから売れ残 ったんだ。

남 일이 매력적이어서 네가 결혼 못 한 게 아니야. 너한테 매력이 없어서 결혼 못 한 거야.

어휘

寝かせる 발효시키다, 숙성시키다 魅力的

よりを戻す　より戻す　관계를 회복하다, 재결합하다

復縁 관계 회복, 재결합

縒りは '꼰 것'이란 뜻이어서 よりを戻す를 직역하면 '꼰 것을 되풀다'가 되는데, 보통 헤어진 애인이나 이혼한 사람과 '관계를 회복하다'란 뜻으로 사용한다. 비슷한 표현인 復縁도 헤어진 애인이나 이혼한 사람과 '관계를 회복함'이란 뜻으로, 동사형은 復縁する라고 한다.

📺 이혼하자

女 私は恭二を愛してますから、大志とヨリを戻すことはありません。

여 저는 쿄지를 사랑하기 때문에, 타이시와 재결합할 일은 없습니다.

📺 도쿄 제면소

女1 っていうか、あんたさ。元カレとより戻したの？

여1 그보다 자기, 전 남친 다시 만나는 거야?

女2 戻ってないです！もう、完全に、縁、切りました！

여2 만나지 않아요! 이제 완전히 인연을 끊었어요!

📺 프리즘

女 そういえばさ、綾花と復縁したんでしょう。おめでとう。

여 그러고 보니 아야카랑 재결합했지? 축하해.

男 今度は振られないようにしないとな。

남 이번엔 차이지 않도록 해야지.

📺 코타츠가 없는 집

女 お父さん、知らないだろうけど、私、お母さんに、もう一度、復縁してほしいって、何回も頼んだんだよ？

여 아빠는 모르겠지만, 내가 엄마한테 다시 합치면 좋겠다고 몇 번이나 부탁했단 말이야.

어휘

縁を切る 인연을 끊다　振られる　頼む

59

자연스러운 문장이 되도록 어울리는 표현을 골라서 적절한 형태로 만들어 넣으세요.

> ちょっかい出す　色目使う　色気づく　ムラムラする　手が早い　尻
> 軽　寝取る　本命　胃袋つかむ　売れ残る　より戻す

1. 最後まで ＿＿＿＿＿＿＿＿＿＿ モノには理由があるんです。

2. よく言えば、恋多き女だけど、悪く言えば ＿＿＿＿＿＿＿＿＿
   な女じゃない。

3. 男は ＿＿＿＿＿＿＿＿＿＿ ば、こっちのもんって言うじゃん。

4. 彼女のことが忘れられないんなら、＿＿＿＿＿＿＿＿＿＿ ら？

5. なに、人の旦那に ＿＿＿＿＿＿＿＿＿＿ んのよ。

6. ＿＿＿＿＿＿＿＿＿＿ はキープしつつ、身近に転がっている
   男も味見してみれば？

7. 俺のワックス、勝手に使いやがって。＿＿＿＿＿＿＿＿＿＿
   んじゃねえぞ、お前。

8. 課長は若い女の子に超 ＿＿＿＿＿＿＿＿＿＿ から、気を付けて。

9. 彼女のこと心配じゃないの？ ＿＿＿＿＿＿＿＿＿＿ たらどう
   すんの？

10. 彼女、社長に ＿＿＿＿＿＿＿＿＿＿ 予算、通そうとしたん
    だって。

11. あの女とできなくて、＿＿＿＿＿＿＿＿＿＿ 次の日、私に
    襲いかかったってこと？

CHAPTER 2

인간관계·가족

奇遇ですね 奇遇だね 이런 우연이!
腐れ縁 지겨운 인연

사전에 奇遇는 '뜻밖의 만남'이라고 나오는데, 생각지 못한 곳에서 우연히 아는 사람을 만났을 때뿐만 아니라, 신기하게도 서로 같은 생각을 했거나, 같은 행동을 하려고 했거나, 같은 점을 발견했을 때 "이런 우연이"란 의미로 奇遇ですね 또는 奇遇だね라고 한다. '(끊을 수 없는) 지겨운 인연'이란 뜻의 腐れ縁은 오랫동안 여러 일을 함께 겪으며 알고 지낸 사이를 말할 때 사용한다.

꾸미는 사랑에는 이유가 있다

女 あっ、社長。奇遇ですね。
男 ウソつけ。桂木さんに捜してこいって言われた？
女 何で分かるんですか？

여 아, 사장님. 이런 우연이.
남 거짓말하지 마. 카츠라기 씨가 찾아오라고 했어?
여 어떻게 아시는 거예요?

도쿄 남자 도감

女 今日、私、結婚相手を探しに来たから。
男 おっ、奇遇だね。俺も。

여 오늘 난 결혼 상대 찾으려고 온 거니까.
남 오, 이런 우연이. 나도 그래.

핀녀의 메리 크리스마스

男 松原さん、何度もここのこと、話したでしょ。疲れててもつい寄りたくなるし、何かあると真っ先に来ちゃうって。
女 はい、まぁ、高校からの腐れ縁なんで。楽なんですかね。

남 마츠바라 씨가 몇 번이나 이곳 얘기했었잖아요. 피곤해도 무심코 오고 싶어지고, 뭔 일이 있으면 가장 먼저 오게 된다고
여 네, 뭐 고등학교 때부터 이어온 지겨운 인연이라, 편해서 그런 걸까요.

어휘
捜す 없어진 것을 찾다　探す 원하는 것을 찾다　寄る　真っ先 맨 앞, 맨 먼저

疎遠になる 관계가 소원해지다/멀어지다
縁を切る 인연을 끊다　勘当 의절

연락이 뜸해지며 관계가 멀어지거나, 연락이나 방문이 오랫동안 끊기는 것을 疎遠になる (소원해지다)라고 한다. 상황에 따라 '소원해지다', '멀어지다', '연락이 끊기다' 등의 의미가 된다. 가족이나 친구와 일부러 인연을 끊는 것은 縁を切る라고 한다. 부모와 자식 또는 스승과 제자 간에 인연을 끊는 '의절'은 勘当라고 한다. 勘当する(의절하다), 勘当される(의절당하다)처럼 사용한다.

🎬 사랑은 비가 갠 뒤처럼

男 俺もさ、学生時代、ずっと一緒にいたヤツがいて、特別、ケンカしたわけでもないのに、なんとなく疎遠になっちゃって。

남 나도 학창 시절 쭉 같이 지내던 녀석이 있었는데, 딱히 싸운 것도 아닌데 왠지 모르게 관계가 소원해졌어.

📺 청춘 신데렐라

男 あいつが海外の大学に留学してからは、疎遠になっちゃったんだよな。

남 걔가 외국에 있는 대학으로 유학 가고부터는 멀어지게 됐어.

📺 행렬의 여신 ~라면 서유기~

女 それに、お母さんみたいな毒親とは縁を切るつもりだから。

여 게다가 엄마처럼 나쁜 부모와는 인연을 끊을 생각이니까.

📺 남자 가정부를 원해?

女 母には勘当されて、もう3年も会ってないんですけどね。

여 엄마한테는 의절당해서 벌써 3년이나 만나지 않고 있지만요.

어휘

なんとなく 왠지 모르게　毒親 자녀에게 해로운 부모

仲良し 사이가 좋음, 사이 좋은 친구
不仲 사이가 나쁨

가족이 아닌 남과 친하다고 할 때는 親しい라고 하지만, 가족/친구/동료처럼 가까운 사람과 사이가 좋다고 할 때는 仲がいい라고 한다. 親しくする(친하게 지내다), 仲良くする(사이좋게 지내다)처럼 쓰기도 한다. 사이 좋은 사이나 친구는 仲良し라고 하고, 반대로 사이가 나쁜 것은 不仲라고 한다.

 우리둘은 기적으로 되어 있다

男 水本先生は家族と仲がいいですか？

남 미즈모토 선생님은 가족과 사이가 좋아요?

 도망치는 건 부끄럽지만 도움이 된다

女 平匡と仲良くしてる？

여 히라마사랑 사이좋게 지내고 있니?

 제일 좋아하는 꽃

男 4つも買ってどうすんの？
女 4人で仲良しの友達がいるの。お揃。色ち。

남 (컵을) 4개나 사서 어쩌려고?
여 넷이서 사이 좋은 친구가 있어. 색깔별로 해서 하나씩 갖는 거지.

내 이야기는 길어

女1 新しい家って床暖あるんだよね？
女2 うん。
男 あ～ 家族が不仲になる原因な。

여1 새집은 온돌이지?
여2 응.
남 아~ 가족이 사이가 나빠지는 원인이지.

어휘

お揃 옷의 색이나 소지품이 맞춘 것처럼 같음 　 色ち 같은 모양 다른 색(色違い의 준말) 　 床暖 바닥 난방(床暖房의 준말)

仲を裂く　仲を引き裂く 두 사람 사이를 갈라놓다
仲たがい 사이가 틀어짐

裂く와 引き裂く는 '찢다, 가르다'란 뜻으로, 仲を裂く 또는 仲を引き裂く는 두 사람의 관계를 나빠지게 만들어서 '사이를 갈라놓다'란 표현이다. '사이가 틀어짐'이란 뜻의 仲たがい란 표현도 있다. 仲(사이)란 단어 없이, 그냥 두 사람을 引き裂く 라고 하면, 사이 좋은 두 사람을 억지로 갈라놓거나 떼어놓는다는 의미이다.

🎬 너도 평범하지 않아

男　2人の仲を裂こうとしてたら、予備校の先生のほうを好きになっちゃった？	남　두 사람 사이를 갈라놓으려고 하다가, 학원 선생님을 좋아하게 됐다는 거야?

📺 자만형사

女　あの子が… 私達親子の仲を引き裂こうとしている。	여　그 애가… 우리 부모 자식 사이를 갈라놓으려고 하고 있어.

🐱 로맨틱 킬러

女　ひどいですよね。愛し合っている2人を引き裂くなんて。	여　너무하죠. 서로 사랑하는 두 사람을 갈라놓으려 하다니.

📺 우리는 사랑이 서툴러

男　認めるってこと？ 女　認めるって？ 男　わざと勘違いさせて、仲たがいさせようとしたこと。	남　인정한다는 거야? 여　인정하다니? 남　일부러 착각하게 해서, 사이가 틀어지게 하려고 했던 거.

어휘

予備校 입시 학원　親子　愛し合う 서로 사랑하다　認める　勘違い

よしみ 친분
間柄 사이, 관계
<small>あいだがら</small>

よしみ는 '친분'이란 뜻으로, 〜のよしみで라고 하면 '~ 친분으로', '~의 정을 봐서'란 의미가 된다. 地元のよしみで(고향 친분으로), ご近所のよしみで(이웃의 친분으로), 同期のよしみで(동기의 우정으로), 昔のよしみで(옛정을 봐서)처럼 사용한다. 그리고 많이 알고 있는 仲는 가족이나 친구처럼 가까운 '사이'를 말하고, 사이의 좋고 나쁨을 말할 때 쓰지만, 間柄는 두 사람이 어떤 사이인지 그 관계에 중점을 두고 말할 때 쓴다.

📺 브러쉬 업 라이프

女 そこを何とかお願いします。同じ地元のよしみで。

어 어떻게 좀 부탁드립니다. 같은 고향 사람끼리.

📺 린코씨는 해보고 싶다

男 同期のよしみで、こいつの童貞、もらってやってくれません？

남 동기의 우정으로 이 녀석의 첫 경험 상대가 되어주지 않을래요?

📺 행렬의 여신 ~라면 서유기~

男 俺とおたくの社長はな、昔、同じ店で修業した間柄なんだよ。

남 나와 그쪽 사장님은 말이야. 예전에 같은 가게에서 수행한 사이라고.

🐱 여친, 빌리겠습니다

女 お二人はレンタルでしょ！お金払って、デートしてお別れ、そういう間柄でしょ。

여 두 사람은 렌탈 관계잖아요! 돈을 내고 데이트하고 헤어지고, 그런 사이잖아요.

어휘

童貞 동정, 순결, 경험이 없음   修業 학문이나 기술을 배우고 익힘

お近づきになる 친해지다, 가까워지다
お近づきの印に 친해진 기념으로

お近づきは '친하게 교제함'이란 뜻으로, お近づきになる는 '친해지다', '가까워지다'란 의미이다. 단순히 친하고 가까운 사이가 된다고 할 때도 쓰고, 연애 감정이나 특별한 목적으로 가까워질 때도 쓴다. 그리고 印는 '증표, 기념품'이란 뜻인데, 친해진 기념으로 선물을 건네거나, 한잔하자고 할 때 お近づきの印に라고 한다.

📺 리갈 하이

男 彼女たちは噂話の宝庫だ。お近づきになって、秘書たちの情報を聞き出しなさい。

남 그녀들은 소문의 보물창고야. 가까워져서 비서들의 정보를 캐내 봐.

📺 프로미스 신데렐라

女 早梅さんのことで相談って言ったのは、ただの口実。私、ホントは、壱成君とお近づきになりたいの。ねえ、年上の女って、どう思う？

여 하야메 씨 일로 상의할 게 있다는 건 그냥 핑계고, 나 실은 잇세이 씨랑 친해지고 싶어. 연상은 어때?

📺 어제 뭐 먹었어?

男 これ、お近づきのしるしに入浴剤。

남 이거, 친해진 기념으로 입욕제예요.

📺 이자카야 후지

女 お近づきの印に。1杯、どうぞ。

여 친해진 기념으로, 한잔 드세요.

어휘

噂話 소문 이야기, 잡담　宝庫 보고, 보물창고　秘書 비서　聞き出す 캐물어 알아내다　口実 구실, 핑계

67

人づきあい　사람 사귐, 사교성
人当たりいい　붙임성 있다, 호감형이다

人づきあい는 '사람 사귐'이란 뜻인데, 人づきあいが苦手, 人づきあいが下手, 人づきあいが得意じゃない, 人づきあいが悪い라고 하면, '사람 사귀는 걸 잘 못한다', '사교성이 없다'란 뜻이다. 人当たり는 '사람을 대하는 태도'인데, 친근하고 호감 가는 태도로 사람을 대해서 상대가 편하게 느끼는 것을 人当たりがいい라고 한다. 우리말로는 '붙임성이 있다', '호감형이다' 등이 된다.

🖥 희미한 그녀

男 でも、あいつ、人づきあい苦手で、ガキんときから大体1人でいたからさ。

남 하지만, 그 녀석 사교성이 없어서, 어릴 때부터 대개 혼자 있었어.

🖥 짐승이 될 수 없는 우리

男 うちの彼女さ、人付き合い、得意なタイプじゃないんだよね。毎日、会社辞めたいって、そればっかり。

남 내 여자친구 말이야. 사람 사귀는 걸 잘하는 타입이 아니야. 매일 회사 그만두고 싶다고, 그 말뿐이야.

🖥 나의 누나

女 まあ、もともと人当たりいいっていうか、誰とでもナチュラルに対応できる人だったもんね。営業向きだわ。

여 뭐, 원래 붙임성 있다고 할까, 누구든 자연스럽게 대할 줄 아는 사람이었잖아. 영업 체질이야.

🖥 나의 귀여움은 곧 소비기한!?

男 この前、来てた須藤さん、人当たりも良くて、仕事もできて、理想の上司って感じだよね。

남 저번에 왔던 스도 씨 말이야. 호감형에 일도 잘하고, '이상적인 상사'란 느낌이 들어.

어휘

ガキんとき 어릴 때 = ガキの時　大体　得意　対応　~向き ~에 적합함

つるむ　어울리다

連れ　동행, 동반자

つるむ는 '(친구나 어떤 사람 또는 무리와) '어울리다'란 뜻으로, 상황에 따라 '결탁하다', '한 패가 되다'란 의미가 되기도 한다. 그리고 連れていく(데리고 가다)라고 할 때 쓰는 連れる의 連れ가 명사로는 '동반', '일행'이란 뜻으로, 家族連れ(가족 동반), 子供連れ(애 데리고), お連れの方(일행분)처럼 사용한다.

📺 **건달군과 안경양**

男　おまえ、まだ変なやつとつるんでるんじゃないだろうな？

남　너 아직도 이상한 녀석이랑 어울리는 건 아니지?

📺 **희미한 그녀**

女　みじめだよね、貧乏って本当に。おしゃれな子たちとつるむと、お金使うこと多いしさ。他の人たちは好きなもん、ばんばん買うし。

여　가난하다는 건 정말 비참해. 멋진 애들이랑 어울리면 돈 쓸 일도 많고, 다른 애들은 좋아하는 거 죄다 사고.

📺 **어젯밤의 카레 내일의 빵**

女　レストランとかで、すごい楽しそうな家族連れとか見ると、何かムカムカするんだよね。

여　레스토랑 같은 데서 엄청 즐거워 보이는 가족 동반 보면, 왠지 짜증이 나.

📺 **하코즈메 ~싸워라! 파출소 여자들~**

男　あの、お連れの方、どちらに？

女　あ…、すいません、ちょっとトイレに。

남　저기, 일행분은 어디에?

여　아, 죄송합니다. 잠깐 화장실에.

어휘

惨め 비참함　貧乏　ばんばん 마구, 죄다　ムカムカ 화가 치밀어 오르는 모양

unit 50

懐く 잘 따르다
慕う 따르다, 좋아하다

아이나 동물이 잘해주는 사람에게 친밀감을 느끼고 잘 따르는 것은 懐く라고 하고, 상사나 선배 등에게 존경하는 마음을 가지고 따르고 좋아하는 것은 慕う라고 한다. 수동형 慕われる의 형태로 많이 쓴다.

🎬 백엔의 사랑

母 あんたね、お店手伝ってないんだから、太郎の面倒くらい、少しは見なさい。

娘 見てんじゃん。すっごい懐いてるよ、あの子。

엄마 너, 가게 일 돕지도 않는데, 타로라도 좀 돌봐줘.

딸 돌보고 있잖아. 걔가 날 엄청 잘 따라.

📺 과보호의 카호코

女 あの犬、私が拾ってきたのに、私がいくら「おいで、おいで」って呼んでも全然来ないで、あんたたちにばっかり懐いてたじゃない。

여 그 강아지 내가 주워 왔는데도, 내가 아무리 "이리 와, 이리 와."라고 불러도 전혀 안 오고, 너희들만 잘 따랐었잖아.

📺 데이지 럭

女 薫の弟で、出版社勤務の貴大は、子供時代にいじめっ子から守ってくれたミチルをアニキと呼んで慕っている。

여 카오루의 동생으로 출판사에 근무하는 타카히로는 어린 시절 괴롭히던 아이로부터 지켜준 미치루를 '형님'이라 부르며 따르고 있다.

📺 결혼한다는데 정말입니까

女 本城寺さんは大丈夫ですよ。仕事もできるし、みんなにも慕われてます。

여 혼조지 씨는 괜찮을 거예요. 일도 잘하고, 다들 좋아하거든요.

어휘

面倒を見る 돌봐 주다 拾う 勤務 いじめっ子 괴롭히는 아이

70

人懐っこい
気さく

人懐っこい　사람을 잘 따르다, 붙임성이 있다

気さく　허물없고 소탈하고 싹싹함

'잘 따르다'란 의미의 懐く에서 예상할 수 있듯이 人懐っこい는 동물이나 사람이 다른 사람을 잘 따르거나, 붙임성이 있다는 의미이다. 気さく는 사람의 태도나 기질이 허물없고, 소탈하고, 싹싹한 것을 의미한다.

별 볼 일 없는 나를 사랑해 주세요.

男　ミチコさんはね。前から、ずーっと思ってたんだけど、実家の犬に似てんだよね。何か人懐っこくて。

남　미치코 씨는 전부터 쭉 생각했었는데, 고향 집 강아지를 닮았어. 뭔가 사람을 잘 따르고 말이지.

유니콘을 타고

男　いつの間に、そんなに仲よくなってんだよ？

女　ンフフ… 依里ちゃん、人懐っこくて、かわいいんだよね。

남　어느새 그렇게 사이가 좋아진 거야?

여　후훗… 이리가 붙임성 있고 귀엽더라고.

브러쉬 업 라이프

女　真里ちゃんは、思っていたよりもずっと気さくで、話しやすい子だった。

여　마리는 생각했던 것보다 훨씬 싹싹하고 말하기 편한 아이였다.

귀엽기만 한 게 아닌 시키모리 양

男　去年は隣のクラスだったから、当番が一緒で、最初はすごく緊張したけど、狼谷さんは僕にも気さくに話しかけてくれた。

남　작년엔 옆반이라 당번이 같았는데, 처음엔 엄청 긴장했지만, 카미야 씨가 나에게도 허물없이 말을 걸어줬다.

어휘

実家　隣　当番　緊張

えげつない 야비하다, 악랄하다, 심하다, 엄청나다
つれない 매정하다

えげつない는 수단이나 방식이 야비하고 악랄하다는 의미도 있고, 무엇의 정도가 엄청나게 심하거나 대단함을 의미하기도 한다. つれない는 '매정하다'란 뜻이지만, 보통 권유에 응하지 않거나 무심한 반응을 보일 때 농담처럼 쓰는 경우가 많다.

📺 민왕

女 あのくらいえげつない事出来ないと、政治家って務まらないんでしょ？

여 그 정도 야비한 짓을 못 하면, 정치가 할 수 없잖아요?

📺 리모러브 ~보통의 사랑은 사도~

男 部下に責任をなすり付ける、えげつない上司を目指してるんですよね。

남 부하에게 책임을 떠넘기는 악랄한 상사가 되려고 하시네요.

📺 아톰의 도전

男 有名なクリエイターはとっくに大手で抱えられてる。報酬だって、えげつない額。

남 유명한 개발자는 이미 대형 업체에서 일하고 있어. 연봉도 엄청나고.

📺 스기사키 하나의 활휴

女 お兄さんもいっときますか、一本。
男 いや、俺、がっつり仕事中だから、昼休憩。
女 あっ、そう。つれないねえ。

여 아저씨도 한잔할래요?
남 아니, 난 열심히 일하는 중이라, 점심시간.
여 아, 그래요. 매정하네.

어휘

務まる 잘 수행해 내다 なすり付ける 덮어씌우다, 떠넘기다 (ゲーム)クリエイター (게임) 개발자
大手 동종 업체 중 특히 규모가 큰 회사 抱える 고용하다 報酬 額 いっとく 가다, 하다, 먹다
がっつり 잔뜩

자연스러운 문장이 되도록 어울리는 표현을 골라서 적절한 형태로 만들어 넣으세요.

奇遇　疎遠になる　仲良し　仲を引き裂く　よしみ　お近づきの印
人づきあい　つるむ　慕う　気さく　つれない

1. 先輩は ＿＿＿＿＿＿＿＿＿ で優しくて、下級生にも人気の
　ある人だった。

2. 1人で過ごすのが多かったせいか、＿＿＿＿＿＿＿＿＿ が
　苦手なの。

3. お前と ＿＿＿＿＿＿＿＿＿ ケンカばっかしてたとき、あの
　ころは楽しかった。

4. こんな所で会うなんて ＿＿＿＿＿＿＿＿＿ ですね。

5. そんな ＿＿＿＿＿＿＿＿＿ ことは言わないで、一緒に行き
　ましょうよ。

6. 彼は情にも厚くて、後輩に ＿＿＿＿＿＿＿＿＿ んです。

7. 恋人ができると ＿＿＿＿＿＿＿＿＿ 人いるよね。

8. チームの ＿＿＿＿＿＿＿＿＿ 優秀な人材を引き抜こうとし
　ている。

9. ＿＿＿＿＿＿＿＿＿ にこれ一杯どう？

10. 彼女は中学の時の同級生で、一番 ＿＿＿＿＿＿＿＿＿ だよ。

11. 言ってくれたらよかったのに。昔の ＿＿＿＿＿＿＿＿＿
　で話ぐらい聞いたわよ。

とっつきにくい　とっつきづらい

다가가기 어렵다, 친해지기 어렵다

とっつき는 '첫인상'을 의미하는데, 사람이 너무 빈틈없이 냉철하거나 무뚝뚝해서, 다가가기 어려운 것을 とっつきにくい 또는 とっつきづらい라고 한다.

🐱 오타쿠에게 사랑은 어려워

女 小柳さん、仕事ができて、同性としてかっこいいし、おっぱい大きいし、いい人なんだけど、スキがなさすぎて、ちょっととっつきにくい。

여 코야나기 씨는 일도 잘하고, 동성으로서 멋지고, 가슴도 크고, 좋은 사람인데, 빈틈이 너무 없어서, 좀 다가가기가 어려워.

📺 칭찬하는 사람 칭찬받는 사람

男 怖くてとっつきにくく見えるけど、面倒見がよくて、懐が大きくて、実は優しい。まさにガキ大将。

남 무서워서 다가가기 어려워 보이지만, 사람을 잘 돌보고 도량이 넓어서 실은 다정해. 그야말로 골목대장.

📺 굿모닝 콜

男 上原、変わったんじゃねえか？あいつ、とっつきづらいし、何考えてるか、よく分かんない奴だったけどさ、菜緒といるようになってから、何か俺らにもちょくちょくボロ出すようになってきたよな。

남 우에하라 변하지 않았어? 저 녀석 친해지기 어렵고 뭔 생각하는지 알 수 없는 녀석이었는데, 나오랑 같이 있으면서부터 뭔가 우리한테도 가끔 빈틈을 드러내고 그러잖아.

어휘

スキ 빈틈　**面倒見** 남을 돌봐 줌　**懐** 마음, 도량　**ガキ大将** 골목대장　**まさに** 바로, 실로, 그야말로
ちょくちょく 가끔　**ボロ** 허술한 점

74

unit 54

気が合う (마음이) 잘 맞다, 코드가 맞다
波長が合う 서로 잘 통하다, 마음이 잘 맞다, 죽이 잘 맞다

두 사람의 사고방식, 가치관, 취향, 관심사 등이 잘 맞을 때 気が合う라고 하는데, 우리말로 '마음이 맞다', '코드가 맞다' 등이 된다. 같은 의미로 馬が合う도 있는데, 과거에 사람과 타는 말의 호흡이 잘 맞는다고 하던 것에서 생긴 표현이다. 波長은 전파나 음파의 '파장'이란 뜻도 있지만, 사람 사이에 마음이나 생각이 통하는 상태를 의미하기도 한다. 그래서 波長が合う는 서로 마음이나 생각이 잘 통한다는 의미이다.

📺 **하코즈메 ~싸워라! 파출소 여자들~**

男 嫌いな食べ物とかありますか？

女 いえ、腐ってなければ何でも大丈夫です。

男 僕も好き嫌いないんです。気が合いますね。

남 싫어하는 음식 같은 거 있나요?

여 아뇨, 상한 거 아니면 뭐든 괜찮아요.

남 저도 가리는 거 없어요. 코드가 맞네요.

📺 **최고의 이혼**

女 好きな人とは、生活上、気が合わない。気が合う人は、好きになれない。

여 좋아하는 사람과는 생활적인 면에서 잘 안 맞고, 잘 맞는 사람은 좋아지지가 않는다.

🐱 **MIX(믹스)**

女 何となく感じてたけど、私たちって気が合わないみたいね。

여 무심코 느꼈지만, 우린 잘 안 맞는 거 같아.

📺 **브러쉬 업 라이프**

女 でもさ、元々 4 人で遊んでたんだから、波長は合うはずなんだよね。

여 근데 원래 넷이서 같이 놀았으니까, 서로 잘 통할 거야.

어휘

腐る 썩다, 상하다　　何となく 어쩐지, 무심코

75

反りが合わない

(두 사람의 성향이) 잘 맞지 않다, 코드가 맞지 않다

反りは 칼의 '휘어진 정도'를 뜻하는 단어로, 反りが合わない는 칼의 휘어진 정도가 달라 칼이 칼집에 들어가지 않는 것을 뜻한다. 지금은 이 표현이 두 사람의 성향이나 코드가 잘 맞지 않는다는 의미로, 부정형으로만 사용한다.

📺 아직 결혼 못하는 남자

男1 桑野さんからも、まどか姉に話してやっていただけませんか？

男2 あいにく僕と彼女は、そりが合わないというか。

남1 쿠와노 씨도 마도카 누나에게 얘기 좀 해주시면 안 될까요?

남2 공교롭게도 나와 그녀는 코드가 잘 안 맞아서요.

📺 장인어른이라고 부르게 해줘

女 だからね、もともとね、ず～っと、そりが合わなかったの、お父さんとは。何か、偉そうにしてるっていうか、基本、軽くってさ。

여 그니까 원래 아빠랑은 계속 맞지 않았어. 뭔가 거들먹거리지만 기본적으로 경박해.

📺 프로미스 신데렐라

女 同僚だからって、皆が仲良しでいる必要なんてないし、反りが合わない相手ぐらい、いるでしょ、そりゃ。

여 동료라고 해서 모두가 사이좋게 지낼 필요도 없고, 서로 맞지 않는 상대 정도는 있을 수 있지, 그야.

어휘

偉そう 거들먹거림, 젠체함　同僚　仲良し　相手

話が合う 말이 잘 통하다
息が合う 호흡이 잘 맞다

취향이나 관심사가 비슷해서 서로 대화가 잘되고 말이 잘 통하는 것을 話が合う라고 한다. 그리고 어떤 일이나 동작을 할 때 두 사람의 호흡이 척척 잘 맞는 것을 息が合う라고 한다.

 지속 가능한 사랑입니까?

女 でも安心した。お父さんと日向さん、意外と話が合ってて。

여 그래도 다행이다. 아빠랑 히나타 씨가 의외로 말이 잘 통해서.

📺 **도쿄 타라레바 아가씨**

女1 そしたらさ、どんな男選ぶ？
女2 ん〜、条件はそこそこでいいから、話が合いそうな仕事してる人。

여1 그러면 어떤 남자를 선택할 거야?
여2 음~ 조건은 별로 안 따지는데, 말이 잘 통할 것 같은 일을 하는 사람.

🐱 **MIX(믹스)**

男 なあ、知ってるか？やたら息が合ってるあの兄弟、実は血が繋がってねえんだぜ。

남 그거 알아? 엄청 호흡이 잘 맞는 저 형제, 실은 친형제가 아니야.

🎬 **우리의 밥은 내일 기다리고 있어**

女 なんだかんだ言いながら私たちの息も合ってきたね。

여 이러쿵저러쿵하면서도 우리 호흡도 맞게 되었네.

어휘

そこそこ 그럭저럭　繋がる 이어지다

77

～思い^{おも}

~을 생각하는 마음이 깊다, ~을 소중히 생각한다

思^{おも}い는 명사 뒤에 붙어서 '~을 생각하는 마음이 깊음', '~을 소중히 생각함'이란 뜻을 만든다. 예를 들어 家族^{かぞくおも}思い, 子供^{こども}思い, 親^{おや}思い, 友達^{ともだち}思い, 後輩^{こうはい}思い처럼 사용한다. 동일한 방식으로 片^{かた}思い는 한쪽만 다른 쪽을 생각한다는 의미이므로 '짝사랑'이 되고, 양쪽이 서로를 생각하고 좋아하는 것은 両^{りょうおも}思い라고 한다.

📺 **여자 구애의 밤**

女 少^{すく}なくとも大人^{おとな}の女子^{じょし}が求^{もと}めているのは、ただのイケメンではない。自分^{じぶん}とその子供^{こども}を大切^{たいせつ}にしてくれる、家族思^{かぞくおも}いの優^{やさ}しい男^{おとこ}なのだ。

여 적어도 어른 여자가 바라는 것은 잘생기기만 한 남자가 아니다. 자신과 아이를 소중히 여기는 가정적이고 자상한 남자다.

📺 **결혼 상대는 추첨으로**

女 宮坂^{みやさか}さんは優^{やさ}しくて、子供思^{こどもおも}いのいいお父^{とう}さんになれると思^{おも}う。

여 미야사카 씨는 자상해서 아이를 소중히 생각하는 아버지가 될 수 있을 거예요.

📺 **오늘 밤은 코노지에서**

女 吉岡^{よしおか}さんって、意外^{いがい}に後輩思^{こうはいおも}いなんだね。ちょっと見直^{みなお}した。

여 요시오카 씨, 의외로 후배를 잘 챙기네. 다시 봤어.

📺 **사일런트**

男 すごく好^すきだけど、両思^{りょうおも}いになれなかったり、なれても別^{わか}れてしまったり。そういうとき思^{おも}いません？初^{はじ}めから出会^{であ}わなければよかったって。

남 엄청 좋아하지만, 서로 좋아하게 되지는 않는다든가, 좋아하게 되어도 헤어지게 된다든가, 그럴 때 생각하지 않아요? 처음부터 만나지 않았으면 좋았을 텐데 하고.

어휘

求^{もと}める 바라다　優^{やさ}しい 다정하다, 자상하다　見直^{みなお}す 다시 보다

unit 58

親心 부모의 마음, 부모 같은 마음

親孝行 효도, 효자, 효녀   **親不孝** 불효, 불효자

親心는 단어 그대로, 자식을 생각하는 '부모의 마음'을 의미하는데, 윗사람이 '부모 같은 마음'으로 아랫사람을 생각한다고 할 때 쓰기도 한다. 親孝行는 '효도' 또는 '효자', '효녀'를 의미하고, '효도하다'는 親孝行する 라고 한다. '불효', '불효자'는 親不孝라고 한다.

🖥 언럭키 걸!

女 こんな買ってこなくていいのに。

父 え？親心ってやつだよ。

여　이렇게 안 사와도 되는데.

아빠　어? 부모의 마음이라는 거야.

🖥 브러쉬 업 라이프

妹 ていうか、お姉ちゃんがこんな親孝行だ
　 と思わなかった。

姉 元々、親孝行だよ。

동생　그보다 언니가 이렇게 효심이 지
　　　극한 줄 몰랐네.

언니　원래부터 효녀야.

🖥 그녀는 예뻤다

母 そんな大切なお金、受け取れないわよ。

娘 受け取って。少しは親孝行させてよ。

엄마　그렇게 소중한 돈은 받을 수 없어.

딸　받아. 조금이라도 효도하게 해줘.

🖥 아직 결혼 못하는 남자

女 私は親不孝な娘なんです。結婚もしない
　 で心配ばっかりかけて。

여　저는 불효막심한 딸이에요. 결혼도
　　안 하고 걱정만 끼치고.

어휘

受け取る 받다

水入らず

집안 식구끼리, 가까운 사람끼리

水入らず는 '집안 식구끼리'란 뜻으로, 親子水入らず, 家族水入らず, 夫婦水入らず처럼 주로 가족 관계를 나타내는 단어 뒤에 붙여서 쓴다. '가족끼리 오붓하게' 또는 '가족 단둘이'를 강조하는 표현이다. 이것은 잘 섞이지 않는 물과 기름(水と油)에서 물이 포함되지 않았다는 의미에서 생겼다는 설도 있고, 과거 여럿이 하나의 잔으로 술을 마실 때 잔을 물로 헹구고 다음 사람에게 건넸는데, 가까운 사람끼리는 물로 헹구지 않아도 된다는 의미에서 생겼다는 설도 있다.

📺 나기의 휴식

女 すいません、せっかくの親子水入らず の夏休みに、混ぜてもらっちゃって。

女の子 凪ちゃん、一緒のほうが楽しいもん。

여　죄송해요. 모처럼 모녀끼리 보내는 여름휴가에 끼어들게 되어서.

여아　나기랑 함께 가더 재밌는걸.

📺 단신화일

男1 家族水入らずんとこ、悪いな。

男2 うん、どうした？仕事で何かあった？

남1　가족끼리 오붓한 시간에 미안.

남2　응, 웬일이야? 회사에 뭔 일 있어?

📺 안녕, 아름다운 날

男 へぇ、2人、出かけてるんだ。

女 うん、夫婦水入らずでデート。新婚さん だもん。

남　음, 둘이 외출했구나.

여　응, 부부 단둘이 데이트. 신혼부부잖아.

📺 오늘 밤은 코노지에서

女 じゃあ、思い切って夕方から休んで、コ の字行く？姉妹水入らずで。

여　그럼 과감하게 저녁부터 쉬고, 자매끼리 코노지 갈래?

어휘

混ぜる　思い切って 과감하게, 큰맘 먹고　コの字 ㄱ자 모양 술집　姉妹

里帰り

さとがえ

친정 나들이, 고향집 방문

里는 '고향', '본가', '친정'을 의미하는데, 출가한 여자가 친정을 방문하거나, 직장에서 휴가를 내고 고향집에 다녀오는 것을 里帰り라고 한다. 고향집 방문 후 직장에 돌아왔을 때 고향 특산품 등을 동료들에게 기념품으로 주는 경우가 많다. 그리고 친정에 가서 출산하는 것은 里帰り出産이라고 한다.

📺 사랑할 수 없는 두 사람

母 家出るって、相談もなしに。

娘 今日そういうことになったの。明日から部屋探して、いいとこあったら決めちゃおうって。

母 随分急すぎない？ねえ。

妹 いいじゃん、好きにさせたら。そしたら私も里帰りの時、お姉ちゃんの部屋、使えるしね。

엄마 독립한다니, 의논도 없이.

딸 오늘 그렇게 됐어. 내일부터 방 찾아보고 괜찮은 곳 있으면 결정하려고.

엄마 너무 급한 거 아냐? 안 그래?

동생 뭐 어때? 그러라고 해. 그러면 나도 친정 올 때 언니 방 쓸 수 있잖아.

📺 아저씨 팬티가 뭐든 상관 없잖아!

女 ジャジャーン、皆さーん、これ、里帰りのお土産です～。

여 짜잔, 여러분, 이거 고향 방문 기념품이에요~.

📺 나의 신부군

女 ほら、ご近所の前田さんとこの由紀ちゃん、里帰り出産で帰ってきてたでしょ。こないだ生まれたらしいのよ、女の子～。

여 저기, 이웃집 마에다 씨 댁의 유키가 출산하러 친정에 왔었잖아. 얼마 전에 여자애를 낳았대~.

어휘

随分 몹시, 너무   お土産

人ごと 남 일　　人妻 남의 부인, 유부녀
人一倍 남보다 갑절

人는 '사람'이란 뜻 외에, '남'이란 뜻으로도 많이 쓴다. 그래서 '남 일'은 人ごと(ひと事)라고 하고, '유부녀'는 '남의 부인'이란 의미에서 人妻라고 한다. 그리고 人一倍는 '남보다 배로'란 뜻이므로 '남보다 갑절'로 노력한다고 말할 때 많이 쓴다. 이외에도 人の話(남이 하는 얘기), 人の気持ち(남의 기분) 등이 있다. '남 일'은 他人事라고 하기도 한다.

📺 결혼 상대는 추첨으로

彼女 もうすぐ法律で、それも抽選なんかでお見合いさせられるんだよ。だから付き合ってるカップルは、みんな急いで結婚に向かってる。
彼氏 みたいだね。
彼女 何で人ごとみたいに言うの？

여친 좀 있으면 법으로, 그것도 추첨으로 선을 봐야 해. 그래서 사귀고 있는 커플은 모두 결혼을 서두르고 있어.
남친 그런 것 같네.
여친 왜 남 일처럼 말하는 거야？

📺 실연 쇼콜라티에

女 じゃあ、爽太君の好きな人って、人妻なの？
男 そう。今はね。

여 그럼 소타가 좋아한다는 사람이 유부녀야？
남 응. 현재는.

📺 피넛 버터 샌드위치

男 片桐さんって、昔から人一倍頑張ってたでしょ。うちの部署でも有名だったんだよ。片桐って、すごいヤツがいるって。

남 카타기리 씨는 예전부터 남보다 갑절 열심히 했죠? 우리 부서에서도 유명했어요. 카타기리라는 대단한 녀석이 있다고.

어휘
法律　抽選 추첨　部署

彼女持ち 彼氏持ち 여친/남친 있는 사람
子持ち 애 딸린 사람   妻子持ち 유부남

돈을 가졌다는 의미에서 부자를 お金持ち라고 하는 것처럼, 명사 뒤에 持ち가 붙으면 '~을 가진 사람'이란 뜻이 된다. 彼女持ち는 '여자친구 있는 사람', 彼氏持ち는 '남자친구 있는 사람'이다. '애 딸린 사람'은 子持ち 또는 コブ付き라고도 한다. 妻子持ち는 '처자식이 있는 사람'이므로 '유부남'이 된다.

 핀녀의 메리 크리스마스

女1 入江さん、とりあえずクリスマスまで
    は、彼女、つくらないでくださいね。

女2 さすがに彼女持ちの家には来れないも
    んね～。

여1 이리에 씨, 일단 크리스마스까지
    는 여자친구 만들지 마세요.

여2 아무래도 여친 있는 사람 집에는
    올 수 없잖아.

 이 사랑 데워드릴까요

女1 私、もう帰るけど。

女2 はい、お疲れさまでした。

女1 彼氏持ちは早く帰ったら？

여1 나 이제 퇴근할 거야.

여2 네, 수고하셨습니다.

여1 남친 있는 사람은 빨리 퇴근하지?

 봄이 되면

女 今は、まだ経済力もないし、バツイチ、
    子持ちだけど。でも…。大好きなの。

여 지금은 아직 경제력도 없고, 돌싱에
    애까지 딸렸지만, 그래도 엄청 좋아
    해.

 아내, 초등학생이 되다

女 広樹、お前、妻子持ちだったのかよ。

여 히로키, 너 유부남이었어?

 **어휘**

さすが 아무래도, 정말이지   経済力   バツイチ 돌싱

女手一つで　여자 혼자 힘으로
男手一つで　남자 혼자 힘으로

女手와 男手는 '여자 힘', '남자 힘'이란 뜻이다. 예를 들어 '섬세한 일이나 여자의 능력이 필요한 일에 대해 女手가 필요하다', '힘쓰는 일이나 기술이 필요한 일에 대해 男手가 필요하다.' 처럼 사용한다. 그리고 여자 혼자 아이를 키우거나, 어려운 일을 해낼 때 '여자 혼자 힘으로'란 뜻으로 女手一つで라고 하고, 마찬가지로 남자 혼자 아이를 키우거나 할 때 男手一つで(남자 혼자 힘으로)라고 한다.

 민왕

女 私の母も父に先立たれてから、女手一つで私を育ててくれました。

여　지희 이미니도 아비지가 먼지 돌아가시고, 여자 혼자 힘으로 저를 키워 주셨어요.

 연애 니트 ~ 잊어버리고 있었던 사랑을 시작하는 방법

女1 あの博美ちゃんが、女手一つで、こんな立派な会社、切り盛りしてさ。
女2 おかげさまで何とかやってます。

여1　그 히로미 씨가 여자 혼자 힘으로 이렇게 훌륭한 회사를 꾸려 나가고 말이야.
여2　덕분에 그럭저럭 하고 있습니다.

📺 언령장

女 鈴木さん、奥様を早くに亡くして、男手一つで麟太郎くんを育てたのよ。

여　스즈키 씨는 부인을 일찍 여의고, 남자 혼자 힘으로 린타로를 키웠어.

📺 사일런트

女 やっぱ、家に男手があると便利だね。

여　역시 집에 남자가 있으면 편리하네.

어휘

先立つ 앞서다, 먼저 죽다　育つ　立派　切り盛りする 꾸려 나가다

84

자연스러운 문장이 되도록 어울리는 표현을 골라서 적절한 형태로 만들어 넣으세요.

> とっつきにくい　気が合う　反りが合わない　話が合う　友達思い
> 親心　水入らず　里帰り　人一倍　妻子持ち　女手一つで

1. せっかく ＿＿＿＿＿＿＿＿＿＿ で過ごそうと思ったのに。

2. ＿＿＿＿＿＿＿＿＿＿ 子ども二人を育てるのは、大変だった
   と思います。

3. これから ＿＿＿＿＿＿＿＿＿＿ だね。お土産待ってるよ。

4. 俺が会社を辞めたのは、上司と ＿＿＿＿＿＿＿＿＿＿ からだ。

5. 口は悪いし、＿＿＿＿＿＿＿＿＿＿ 見えるかもしれないけ
   ど、悪人ではない。

6. いつまでたっても子供は心配でね。＿＿＿＿＿＿＿＿＿＿ な
   んて、そういうもんだ。

7. 私、＿＿＿＿＿＿＿＿＿＿ はもうこりごりだよ。

8. 彼女とは年が近いこともあって ＿＿＿＿＿＿＿＿＿＿ 。

9. 優しいね。クールに見えて、本当は ＿＿＿＿＿＿＿＿＿＿ だ
   ね。

10. 本物の不良はな、友情とか愛情とかが ＿＿＿＿＿＿＿＿＿＿
    強いんだよ。

11. 僕たち、＿＿＿＿＿＿＿＿＿＿ んですかね。何か運命を感
    じます。

음식·술

unit 64

舌が肥える
입이 고급이다, 입맛이 까다롭다

맛있는 음식을 많이 먹어봐서 맛을 평가하는 수준이 높은 것을 舌(혀)와 肥える(안목이 높다)를 써서 舌が肥える라고 한다. 상황에 따라 '입이 고급이다', '입맛이 까다롭다', '미식가이다' 등의 의미가 된다. '입이 고급스러운 ~', '입맛이 까다로운 ~'라고 할 때는 舌の肥えた~라고 한다. 반대로 입맛이 저렴한 사람은 '가난함'이란 뜻의 貧乏를 써서 貧乏舌라고 하고, 미각이 둔하고 맛을 제대로 모르는 사람은 味音痴라고 한다. 요리의 맛과 지식에 정통한 사람이란 뜻으로 食通와 グルメ도 있다.

📺 옆집 남자는 잘 먹는다

女 おいしいです。

男 よかった。実はちょっと緊張してたんだよ。君は料理が得意だから舌が肥えてるだろうと思って。

여 맛있네요.
남 다행이야. 실은 좀 긴장했어. 자기는 요리를 잘하니까 입맛도 수준 높을 것 같아서.

📺 전개결

女の子 これ、人工イクラ。天然物、食べたことないんですか？

女 ずいぶんと舌が肥えているのね。

여아 이거 인공 연어알이네. 천연산 먹어본 적 없어요?
여 꽤나 입이 고급이네.

📺 한여름의 신데렐라

女 私、キャビア食べる～。んっ！んん… 酸っぱ！

男 貧乏舌だから分かんねえんだろ。

여 나 캐비아 먹어야지~. 윽! 으으… 셔!
남 입맛이 저렴해서 모르는 거지.

어휘

得意　人工　天然物 천연산　酸っぱい 시다

87

食欲をそそる 식욕을 돋우다
酒が進む 술이 잘 넘어가다

そそる는 '돋우다', '자아내다'란 뜻인데, 음식의 맛있는 향이나 먹음직스러운 모양 등이 식욕을 돋운다고 할 때 食欲をそそる라고 한다. 그리고 進む는 '나아가다'란 뜻인데, 맛있는 안주나 분위기 등에 의해서 술이 잘 넘어간다고 할 때 酒が進む라고 한다.

 멘쯔유 혼밥

女 う～ん！ガーリックの香りが食欲をそそるわね。

여 음~! 갈릭 향이 식욕을 돋우네.

나를 위한 한끼 ~포상밥~

女 おぉ～！いい。元気出る味。辛さが食欲をそそって止まらないよ。

여 오~ 맛있다. 기운 나는 맛이야. 매운 맛이 식욕을 자극해서 멈출 수가 없어.

와카코와 술

女 この塩味、お酒が進むねえ。

여 이 짭짤한 맛에 술이 술술 넘어가네.

오늘 밤은 코노지에서

男 このお店、おいしいものが多くて、ホントお酒が進んじゃいます。

남 이 가게는 맛있는 게 많아서 정말 술이 술술 넘어가요.

이자카야 후지

女 あんたがいないと、からかう相手がいなくって、酒が進まないよ。戻ってきな。

여 당신이 없으면 놀릴 상대가 없어서 술이 안 넘어가. 돌아와.

어휘
香り　止まる　塩味

unit 66

おなかは膨れない　腹は膨れない 배가 안 차다
腹持ちがいい 속이 든든하다

배가 가득 차서 배가 부른 상태는 おなかいっぱい 라고 하지만, 배가 부르는 동작에 초점을 두고 말할 때는 '부풀다'란 뜻의 膨れる를 써서 말한다. 그래서 이 음식으로는 배가 차지 않는다고 할 때 おなか膨れない 또는 腹は膨れない 라고 한다. 배를 채운다고 할 때는 おなかを満たす 라고도 한다. 천천히 소화되는 음식을 먹어서 속이 든든하다고 할 때는 腹持ちがいい 라고 한다.

📺 끝까지 갈결 위원회

女　干し芋って、１個でおなか膨れる。

여　고구마 말랭이는 하나로도 배가 불러.

📺 쉐어할 '라'! ~인스턴트 라면 어레인지부 시작했습니다

女　えっ、恭一、もう食べ終わったの？
男　うん、うまかった。ああ、でもこれだと腹は膨れないかな。

여　어, 쿄이치 벌써 다 먹은 거야?
남　응, 맛있었어. 아, 근데 이걸로는 배가 안 차겠는걸.

📺 와카코와 술

女　ビールに合って、おなかも満たすもの。腹持ちがよくて、ビールに合う…チヂミ！

여　맥주랑 어울리고 배도 채울 수 있는 것. 속이 든든하고 맥주에도 어울리는… 부침개!

🐱 여친, 빌리겠습니다

女　そうやって、いつも仕事、仕事って、ディナーは会議書類を食べるといいわ。
男　それは腹持ちが悪そうだ。きっと夜食にシチューが欲しくなるな。

여　그렇게 맨날 일, 일 그러면, 저녁은 회의 서류 먹으면 되겠네.
남　그건 오래 못 갈 것 같아. 분명 야식으로 스튜가 먹고 싶어지겠는걸.

어휘

干し芋 고구마 말랭이　満たす 채우다　会議書類

unit 67

腹ごなしに 배 꺼지게, 소화시킬 겸
腹ごしらえ (일을 하기 전) 배를 채워 둠

熟す는 '소화시키다'란 뜻으로, 명사형 熟し는 '소화'가 된다. 그래서 '배 꺼지게 산책하다', '소화시킬 겸 걷다'처럼 식사 후 가벼운 운동으로 소화가 잘되게 하는 것을 腹ごなし라고 한다. 그리고 拵え는 '채비', '준비'란 뜻으로, 배가 고프면 힘내서 일할 수 없으니, 어떤 일을 하기에 앞서 배를 든든히 채워두는 것을 腹ごしらえ라고 한다.

 좋아하는 남자와 헤어지고 싶어

女 おいしくて食べすぎちゃった。
男 なっ。腹ごなしに散歩でもしてくか。

여 맛있어서 너무 많이 먹었어.
남 그러게. 배 꺼지게 산책이라도 하고 갈까?

 솔로 활동 여자의 추천

女 さあ、それじゃ腹ごなしに、本日のメインソロ活、行きますか。

여 자, 그럼 소화시킬 겸 오늘의 메인 솔로 활동 가볼까.

📺 악녀

女 お昼、何、食べます？腹がへっては戦はできぬ。まずは腹ごしらえしましょ。

여 점심 뭐 드실래요? '배가 고프면 전투를 할 수 없다'. 우선은 배를 채우죠.

📺 격신도

男1 みんな、今日は解散だ。
男2 え？残業だっていうから、腹ごしらえしてるのに。

남1 다들, 오늘은 그만 퇴근하자.
남2 네? 야근이라고 해서 (지금) 배 채우고 있는데.

어휘

散歩 戦 전쟁, 전투, 싸움 解散 残業

90

好き嫌い 호불호, 가림, 편식
食わず嫌い 먹어보지도 않고 싫어함

好き嫌いは '좋고 싫음'이란 뜻이므로 다른 말로는 '호불호'가 된다. 주로 음식의 식성에 관해 쓸 때가 많은데, 그럴 때는 '가림', '편식'이란 의미가 된다. 그래서 好き嫌いがある는 '가리는 거 있다', 好き嫌いがない는 '가리는 거 없다', 好き嫌いが多い는 '가리는 게 많다', 好き嫌いが激しい는 '가리는 게 심하다', 好き嫌いが分かれる는 '호불호가 갈린다'란 뜻이다. '먹어보지도 않고 싫어하다'란 뜻의 食わず嫌い는 '진가를 제대로 모르면서 그냥 싫어하다'란 의미로 쓰기도 한다.

📺 연애 니트 ~ 잊어버리고 있었던 사랑을 시작하는 방법

男 じゃあフォアグラは？

女 嫌いです。

男 キャビアは？

女 ダメですね～

男 好き嫌いが多いと大変でしょ？食べるものがなくて。

女 三大珍味じゃなければ、いくらでもいけるけど。

男 食わず嫌いは良くないですよ。

남 그럼 푸아그라는요?

여 싫어해요.

남 캐비아는요?

여 못 먹어요.

남 가리는 게 많으면 힘들지 않나요? 먹을 수 있는 게 없어서.

여 3대 진미만 아니면 얼마든지 먹을 수 있어요.

남 먹어보지도 않고 싫어하는 건 좋지 않아요.

📺 솔로 활동 여자의 추천

男 このように世の中には、好き嫌いが分かれることがあるが、やっかいなことに、嫌いだったものが実は好き、好きだと思っていたものが、実は他人の意見に流されていただけだった、ということもある。

남 이렇게 세상에는 호불호가 갈리는 일이 있지만, 성가시게도 싫어했던 게 실은 좋고, 좋다고 생각했던 게 실은 다른 사람의 의견에 휩쓸렸던 것뿐이었을 때도 있다.

어휘

三大珍味 3대 진미   やっかい 귀찮음, 성가심

食べ頃 먹기 적당할 때, 제철
旬 제철

食べ頃는 음식이 먹기 좋게 익었거나 숙성되어서 '먹기 적당할 때'라는 의미도 있고, 과일 등이 한창 많이 나고 맛있는 '제철'이라는 의미도 있다. '제철'이란 의미로는 旬도 많이 쓴다.

📺 나를 위한 한끼 ~포상밥~

女 これは片面だけ焼けばいいのよ。ほら、表面にじんわり肉汁が浮いてきてるのがわかるでしょ？これが食べごろのサインよ。

여 이건 한쪽만 구우면 돼. 봐, 표면에 촉촉하게 육즙이 올라오는 게 보이지? 이게 먹을 때라는 신호야.

📺 황혼 유우사쿠

女 お味噌を溶いて、お肉とよくなじませてください。お肉の色がスッと変わったら食べ頃です。

여 된장을 풀어서 고기와 잘 섞이도록 해주세요. 고기 색이 바뀌기 시작하면 드셔도 됩니다.

📺 유니콘을 타고

(수박을 들어 보이며)

男 君達！これはどう？食べ頃で甘いよ。

남 자네들! 이건 어때? 제철이라 달아.

📺 어제 뭐 먹었어?

男 北海道のズワイガニって春が旬なんだって。

남 홋카이도의 대게는 봄이 제철이래.

어휘

片面 한쪽 면　表面 じんわり 천천히, 촉촉히　肉汁　味噌　溶く 풀다, 개다　なじむ 잘 어울리다　スッと 쓱, 불쑥　ズワイガニ 대게

隠(かく)し味(あじ) (맛을 돋보이기 위한) 비법 재료
味変(あじへん) 식사 중간에 맛 변화를 줌

요리에 맛을 돋보이게 하려고 넣는 숨은 재료나 조미료를 隠(かく)し味(あじ)라고 하는데, 우리나라 방송에도 나온 '셰프의 킥'과 비슷한 의미이다. 그리고 식사 중간에 조미료 등을 추가해서 음식의 풍미에 변화를 주는 것을 味変(あじへん)이라고 한다. 라멘을 먹다가 중간에 식초를 추가해서 먹거나 하는 게 味変에 해당한다.

📺 황혼 유우사쿠

女 これ… 少しお味噌が入ってるのかしら？

男 はい。からしマヨネーズと味噌を少し、隠し味に使っています。

여 이거… 된장이 조금 들어갔나요?

남 네. 겨자 마요네즈와 된장을 약간 비법 재료로 쓰고 있습니다.

📺 빠져든 남자에 차고 싶은 여자

男 このオムレツ、隠し味はマヨネーズ？

女 すごい。わかるんだ？

男 俺も料理するんで。フワフワになるんですよね。

남 이 오믈렛의 비결은 마요네즈인가요?

여 대박. 바로 아는구나!

남 저도 요리하니까요. 폭신폭신해지잖아요.

📺 나의 누나

男 あっ、たまごとかいつのタイミングで食べる？

女 あ、たまごは… 最初に食べちゃう。

男 ダメだね、あれも途中で味変のためにあるようなもんだよ。

남 아, 계란은 언제쯤 먹어?

여 아, 계란은… 처음에 먹어버려.

남 안 되지, 그것도 중간에 맛 변화를 주기 위해 있는 건데.

어휘

からしマヨネーズ 겨자 마요네즈 　フワフワ 부드럽게 부풀어 있는 모양 　途中(とちゅう)

93

食べ歩き 맛집 기행 飲み歩く 여러 술집을 다니며 마시다
食レポ 음식 리포트

이곳저곳 맛있는 음식을 찾아다니며 먹는 것을 食べ歩く 라고 한다. 특히 명사형 食べ歩
き는 여러 식당이나 지역을 다니며 먹는 것을 의미해서 '맛집 기행'이 되기도 한다. 여러 술
집을 돌아다니며 술 마시는 것은 飲み歩く 라고 한다. TV나 잡지에서 리포터가 음식을 먹
고 감상을 전달하는 것은 食レポ라고 하는데, 상황에 따라 '음식 리포트', '맛집 탐방', '음
식 품평' 등이 된다.

📺 **결혼한다는데 정말입니까**

女 ラーメン部？

男 ラーメン好きが集まっていろんな店を食
べ歩く同好会。

여 라멘부요?

남 라멘 좋아하는 사람이 모여서, 다양
한 가게를 돌아다니며 먹는 동호회
야.

📺 **꾸미는 사랑에는 이유가 있어**

女 社長は世界中でやたらめったら食べ歩き
してるので食通なんです。

여 사장님은 전 세계 맛집을 많이 다니
셔서 음식을 잘 아세요.

📺 **어이 미남!!**

女 こんな夜中まで外で飲み歩いて、急に家
にお客連れてくんのは、世界中でお父さ
んだけだよ！

여 이렇게 한밤중까지 돌아다니며 마
시다가, 갑자기 집에 손님 데려오는
건 세상에 아빠뿐이야!

📺 **꽃미남이여 밥을 먹어라**

女 グルメ誌の企画なんて、どうすんだ、
私！食レポなんて、私には絶対無理だよ
～。

여 미식 잡지 기획을 나보고 어떻게 하
라고! 음식 리포트라니, 나에겐 절대
불가능해.

어휘

同好会 やたらめったら 마구 食通 요리의 맛과 지식에 정통한 사람

はしごする (같은 종류의 가게를) 여러 곳 돌아다니다
はしご酒 장소를 바꿔가며 술을 마심, 술집 투어

はしごは '사다리'란 뜻이지만, はしごする 라고 하면, 같은 종류의 가게나 비슷한 종류의 장소를 연달아 돌아다니는 것을 의미한다. 같은 의미에서 はしご酒도 장소를 바꿔가며 술을 마시는 것을 의미한다. 한국어 단어로 바꾸자면 '술집 투어'나 '술집 순례'와 비슷하다.

📺 1122 좋은 부부

女1 ねえ、見て。あのキッチンのタイル、かわいくない？あ… 何か、よく見ると、まっすぐじゃなくて、少しボコボコしてるんですね。

女2 そうなんですよ。タイル屋さん、はしごして選びました。

여1 저기 봐. 저 주방 타일 예쁘지 않아? 아, 뭔가 자세히 보니 고르지 않고 살짝 우둘투둘하네요.

여2 맞아요. 타일 가게 여러 곳을 돌아보고 골랐어요.

📺 솔로 활동 여자의 추천

男 やっぱり動物園と水族館、１日でハシゴするのは、きつかったかな。

남 역시 동물원이랑 수족관을 하루 만에 돌아다니는 건 힘들었나?

📺 마이 세컨드 아오하루

男 昼間から飲める店がいっぱいあって、はしご酒すると、楽しいんだよね。

남 낮부터 마실 수 있는 가게가 많아서, 자리 옮겨가며 마시면 즐거워.

📺 사랑은 계속될 거야 언제까지나

女 流子さん、そのあたり、お暇ですか？一緒に、はしご酒しません？

여 류코 씨, 그때 시간 있어요? 같이 술집 투어하지 않을래요?

어휘

ボコボコ 울퉁불퉁, 우둘투둘　動物園　水族館

· 연습 문제 ❼ ·

✏️ 자연스러운 문장이 되도록 어울리는 표현을 골라서 적절한 형태로 만들어 넣으세요.

> 舌が肥える　酒が進む　おなかは膨れない　腹ごしらえ　好き嫌い
> 食べ頃　隠し味　食べ歩き　はしごする

1. カレーの ＿＿＿＿＿＿＿＿＿ には、コーヒーとかチョコレートを少し入れると、味が引き立つの。

2. コンビニを ＿＿＿＿＿＿＿＿＿ やっとこのパンを手に入れた。

3. ＿＿＿＿＿＿＿＿＿ しないで、食べなよ。

4. 食え、ほら、戦（いくさ）の前の ＿＿＿＿＿＿＿＿＿ だ。

5. 週末はおいしいお店を探して、＿＿＿＿＿＿＿＿＿ をしています。

6. A : ふ〜ん、確かにうまそうですね。

   B : ホントに ＿＿＿＿＿＿＿＿＿ から、気をつけないと。

7. 彼は ＿＿＿＿＿＿＿＿＿ から、下手なものをあまり作れないの。

8. 自分だけ食べて報告だけですか。笑顔だけもらっても、＿＿＿＿＿＿＿＿＿＿＿＿ んですよね。

9. メロンの ＿＿＿＿＿＿＿＿＿ の見分け方があります。

いっとく

가보다, 해보다, 가버리다, 해버리다

いっとく는 行っておく의 준말로, ～ておく가 '~해 두다'란 뜻이므로 직역하면 '가 두다'가 된다. 하지만 いっとく는 '~해 두다'란 의미 없이, 그냥 '가다' 또는 '~으로 하다(먹다, 사다)'란 의미로 사용한다. 行く, する, 食べる, 買う 대신 いっとく를 쓰면, '시도해보다', '해버리다'란 뉘앙스가 좀 더 생기고, 살짝 텐션이 올랐을 때 쓰는 경우가 많다.

📺 일요일 밤 정도는…

男 あっ、もうちょっと乗っててもいいですか？もう少し話したいって、なんか思って。

女 いいね、どこ行く？成田でも行っとく？

남 아, 좀 더 타고 가도 되나요? 좀 더 얘기하고 싶어서.
여 좋지. 어디 갈래? 나리타라도 가버릴까?

📺 리모러브

男1 今日、おでん行っとく？

男2 いいですね、おでん。

남1 오늘은 어묵 어때?
남2 좋네요, 어묵.

📺 오늘 밤은 코노지에서

男 今からコの字で1杯いっときますか？お祝いにおごってくださいよ。

남 지금부터 코노지에서 한잔할까요? 축하 기념으로 한턱내세요

📺 마법의 리노베

女 山びこ、いっときますか？

男 はい、どうぞ。

여 소리 한번 외쳐볼까요?
남 네, 하세요

어휘

山びこ 메아리, 산에서 소리 외치기

97

一人飯（ひとりめし） 혼밥　　ぼっち飯（めし） 혼밥, 외톨이 밥
ひとり酒（ざけ） 혼술　　昼酒（ひるざけ） 낮술

一人飯（ひとりめし）은 '혼밥'이란 뜻으로, 주로 집에서 혼자 먹거나 혼자 식당에 가서 먹는 것을 의미하고, 학교나 회사에서 급우나 동료가 있는데 혼자 먹는 것은 ぼっち飯（めし）라고 한다. 独（ひと）りぼっち가 '외톨이'란 뜻이어서 ぼっち飯에는 '쓸쓸히 홀로 먹는 밥'이란 뉘앙스가 있다. 그리고 '혼술'은 ひとり酒（ざけ）, '낮술'은 昼酒（ひるざけ）라고 한다.

 호쿠사이와 밥만 있으면

男　だったら、友達と食えよ。一人飯って…
　　おいしくないじゃん。飯はみんなで食べ
　　た方がうまいって言うし。

남　그럼 친구랑 같이 먹어. 혼밥이라니… 맛없잖아. 밥은 다 같이 먹는 게 맛있다고 하고.

 마이 세컨드 아오하루

女　このまま4年間ぼっち飯はさすがにしん
　　どい。

여　이대로 4년간 혼밥은 아무래도 힘들어.

 와카코와 술

女　ひとり酒もいいけれど、気の利く友人と
　　のふたり酒も、またいいんだな。

여　혼술도 좋지만, 센스 있는 친구와 둘이 마시는 술도 역시 좋구나.

 짐승이 될 수 없는 우리

女　ハァ… 昼酒はうまいな。天気もいいし、
　　最高。

여　하~ 낮술 맛있네. 날씨도 좋고 최고다.

어휘

食（く）う 飯（めし）　しんどい 힘들다　友人（ゆうじん）　気（き）が利（き）く 눈치 빠르다, 센스 있다

裏メニュー 비밀 메뉴　裏アカ 비밀 계정, 비공개 계정
裏技 비법

裏는 表(겉)와 반대되는 '뒤', '안'이란 뜻으로, 숨겨진 '이면', '내막', '속셈', '꿍꿍이'란 뜻이 되기도 한다. 메뉴판에 적혀 있진 않지만, 단골만 알거나 가게에서 따로 알려줘서 주문하는 음식을 裏メニュー라고 한다. 裏アカウント의 준말인 裏アカ는 본계정 외에 따로 만든 부계정으로, '비밀 계정', '비공개 계정'이란 뜻이다. 알려지지 않은 숨은 방법이나 비법은 裏技라고 한다.

📺 올드 루키

女 梅屋敷さんが食事に誘ってくるなんて、
　 絶対、何か裏がある。

여 우메야시키 씨가 같이 식사하자고 하다니, 분명히 무슨 꿍꿍이가 있어.

📺 보잘것없는 우리의 연애론

男 これね、私もすごいおすすめ。ただ… 裏
　 メニューらしいけどね。

남 이거, 저도 엄청 추천하는 거예요. 다만, 비밀 메뉴라는 것 같지만요.

📺 빠졌어, 너에게

男 荒川さんは、どういう投稿とかされるん
　 ですか？

女 ああ〜。読んだ本の感想とか。裏アカな
　 んですけど。

남 아라카와 씨는 어떤 글을 올려요?
여 음~ 읽은 책의 감상이라든지. 비공개 계정이지만요.

📺 시모베에

男 留年の危機の時に学ばなかったのか？受
　 験勉強に近道も裏技もないって。

남 유급 위기 때 못 배웠어? 입시 공부에 지름길도 비법도 없다는 걸.

어휘

誘う　投稿 투고, 글을 올림　感想　留年 유급, 낙제　危機　近道 지름길

かき込む 급하게 먹다　早食い 빨리 먹음
食いしん坊 먹보

掻くは '긁다'란 뜻인데, 밥을 긁어모아 입에 쓸어 넣듯이 급하게 먹는 것을 かき込む라고 한다. 반대로 천천히 먹는 것은 ゆっくり食べる라고 한다. 음식을 빨리 먹는 행동이나 빨리 먹는 사람은 早食い라고 한다. 음식을 매우 좋아하고 많이 먹는 사람은 食いしん坊라고 한다.

바닷마을 다이어리

女　千佳、かき込まない。

여　치카, 급하게 먹는 거 아니야.

어제 뭐 먹었어?

男　昔、よくこれで白メシ、かき込んだなあ。

남　예전에 자주 이걸로 밥을 후딱 해치웠지.

방랑의 미식가

男　梅干しやのり、おしんこをおかずに、俺たちはごはんをかき込んだ。

남　우메보시와 김, 채소 절임을 반찬으로 우리는 허겁지겁 밥을 먹었다.

런치의 앗코짱

女　あの〜 気にせず、ゆっくり食べて下さい。早食いは体に悪いですから。

여　저기, 신경 쓰지 말고 천천히 드세요. 빨리 먹는 건 몸에 안 좋으니까요.

나를 위한 한끼 ~포상밥~

女　濃いめの味でボリュームがあって、食いしん坊にはピッタリ！

여　맛이 진하고 양도 많아서, 먹보에겐 딱이지!

어휘

梅干し 일본식 매실장아찌　おしんこ 채소를 절인 반찬　濃いめ 약간 진함

しょうしょく
小食 먹는 양이 적음, 많이 못 먹음
おお ぐ
大食い 많이 먹음, 대식가

しょうしょく
小食는 다이어트나 건강을 위해 일부러 적게 먹는 것이 아니라, 원래 먹는 양이 적어서 많
おお ぐ
이 못 먹는 것을 의미한다. 반대로 많이 먹거나 많이 먹는 사람을 大食い라고 한다.

🖳 결혼 상대는 추첨으로

男 おいしいのに、食べないんですか？

女 小食なもので。でも、いろんなものが少
しずつ食べたいの。もったいないことす
る、ぜいたくな女でしょ？

남 맛있는데 안 드세요?

여 많이 못 먹어서요. 하지만, 여러 가
지 조금씩 먹어보고 싶어요. 낭비하
는 사치스러운 여자죠?

🖳 이시코와 하네오

女 意外と小食なんですね。

男 はあ？君が食べすぎなんだよ。

여 의외로 많이 못 드시네요.

남 네? 자기가 많이 먹는 거지.

🖳 별이 내리는 밤에

女 大食い…ですね。

男 ああ…。これ、もしよかったら、どう
ぞ。

여 많이 드시네요.

남 아… 이거 괜찮으시면 드세요.

🖳 굿모닝 콜

男 何人分？

うえはら
女 上原君って大食いなんだよ。

남 (그거) 몇 인분이야?

여 우에하라가 완전 대식가란 말이지.

어휘
なんにんぶん
何人分

すきっ腹 _{빈속, 공복}

空腹 _{고픈 배, 배가 고픔}

すきっ腹는 '빈속', '공복'이란 뜻으로, 빈속에 술을 마시면 건강에 안 좋다고 하거나, 빨리 취한다고 할 때 주로 사용한다. 반면에 空腹는 우리말로 '공복'이란 한자이지만, 실제 의미는 '고픈 배', '배가 고픔'이란 뜻이다.

📺 **소란스럽게 밥**

男 ダメよ、すきっ腹にお酒入れると、体、壊しちゃうよ？

남 안 되지. 빈속에 술 들어가면 몸 상한다고.

📺 **누나의 연인**

男 すきっ腹に飲み過ぎて、酔っ払っちまったよ。

남 빈속에 많이 마셔서, 취해버렸어.

📺 **호쿠사이와 밥만 있으면**

女 こうなったら非常用のレトルトカレーで、空腹を満たしちゃうもんね。

여 이렇게 되면 비상용 인스턴트 카레로 고픈 배를 채워야겠지.

📺 **오늘은 회사 쉬겠습니다**

女 空腹で餓死しそうなところで、ホカホカの肉まんもらったら、どうするよ？捨てないで食べるでしょ？

여 배고파서 아사하기 직전에 따끈따끈한 고기 찐빵을 받으면 어떻게 하지? 버리지 않고 먹겠지?

어휘

壊す 망치다, 탈을 내다　酔っ払う　非常用　レトルト 인스턴트 식품　満たす 채우다　餓死 아사, 굶어 죽음　ホカホカ 따끈따끈　肉まん 고기 찐빵　捨てる

unit 79

おなかすかす

배를 곯다, 굶주리다

'배가 비었다'란 말의 おなかすいた가 '배고프다'란 뜻인 것처럼, '배를 비우다'란 말의 お
なかすかす는 '배를 곯다', '굶주리다'란 뜻이다. 앞으로 있을 식사를 위해 일부러 밥을 먹
지 않고 배를 곯린 경우에도 쓰고, 못 먹어서 굶주린 경우에도 쓴다.

 방랑의 미식가

女 で？きょうはどこに連れてってくれるの？	여 그런데 오늘은 어디 데려가 줄 거야?
男 焼き肉にしようかと思ってるんだけど…	남 불고기 먹을까 하는데…
女 やったぁ！おなか空かせといてよかった！	여 앗싸! 배 곯리길 잘했다!

호쿠사이와 밥만 있으면

男 「今日のお昼１時に、ブンちゃんのお家に来てください。お腹空かせてきてね！」	남 "오늘 낮 1시에 분이네 집에 오세요. 밥 먹지 말고 와요!"

혼인 신고서에 도장을 찍었을 뿐인데

女 ここに書いときますから、忘れて食べてこないでくださいね。	여 여기에 써둘 테니까, 깜빡하고 밥 먹고 오면 안 돼요.
男 おなか、すかせておきます。	남 배 비워 둘게요.

아내, 초등학생이 되다

女 すみません。お休みの日に、お誘いしちゃって。	여 죄송해요. 쉬는 날에 불러내서.
男 ううん、メチャクチャおなかすかせてきた。	남 아니야, 쫄쫄 굶고 왔어.
女 でしたら、いっぱい食べてください。	여 그럼 많이 드세요.

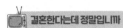

食べ損ねる 食い損ねる
食べそびれる 　끼니를 놓치다, 식사를 못하다, 못 먹다

'먹다'란 뜻의 食べる나 食う의 연용형에 '~할 기회를 놓치다', '~을 못하다'란 뜻의 損ねる 또는 そびれる를 붙이면 '끼니를 놓치다', '식사를 못하다'란 의미가 된다. 食べ損ねる, 食い損ねる, 食べそびれる처럼 사용한다. 혼자서 먹지 못했을 때도 쓰고, 다른 사람과 같이 먹을 기회를 놓쳤을 때도 쓴다.

📺 결혼한다는데 정말입니까

夫 あ〜 腹減った。ごはん、ある？	남편 아~ 배고파. 밥 있어?
妻 えっ？食べてくるんじゃなかった？	아내 응? 먹고 오는 거 아니었어?
夫 食べ損ねてさ、簡単なもんでいいよ。	남편 끼니를 놓쳐서 말이야. 간단한 거면 돼.

📺 사랑이 서툴러도 잘 살고 있습니다

男 メシ食い損ねたんだけど、どっかで食ってかね？	남 밥 못 먹었는데 어디서 먹고 가지 않을래?

📺 사랑 따위 진심으로 해서 어쩌려고?

女 今日、忙しくて、朝ご飯食べそびれて、おなかぺこぺこなの。	여 오늘 바빠서 아침을 못 먹어서 엄청 배고프단 말이야.

📺 À Table! ~역사의 레시피를 만들어 먹다~

男 おなか空いた。お昼、食べそびれた。	남 배고파. 점심을 못 먹었어.

어휘

腹が減る 배가 고프다　どっかで＝どこかで　食ってかね？＝食っていかない？　ぺこぺこ 배가 매우 고픔

unit 81

食べかけ 먹다가 맒, 먹다가 만 것
食べきる 남김없이 다 먹다 **完食** 남김없이 모두 먹음

かけ는 동사의 연용형 뒤에 붙어서 '~하다가 만', '~하는 중인'이란 뜻으로 만들므로, 食べかけ는 '먹다가 맒', '먹다가 만 것'이란 뜻이 되고, 飲みかけ는 '마시다 만'이란 뜻이 된다. 반대로 きる는 연용형 뒤에 붙어서 '완전히 해내다'란 뜻으로 만들므로 食べきる는 '남김없이 다 먹다'란 뜻이다. 주로 食べきれる(다 먹을 수 있다), 食べきれない(다 못 먹는다)처럼 가능형으로 많이 쓴다. '남김없이 모두 먹음'이란 뜻의 명사 完食도 있다.

 전남친←리트라이

女 これ、あげる。あっ、食べかけだけど。

여 이거 줄게. 아, (내가) 먹던 거지만.

 나의 신부 군

男 この飲みかけのペットボトル、いつの!?

남 이 마시다 만 음료수 언제 꺼야!?

🖵 도쿄 제면소

女 これ、食べきれます？
男 全然、食べきれますよ。ふふっ。

여 이거 다 먹을 수 있어요?
남 거뜬히 먹을 수 있어요. 하하.

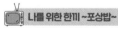 너도 평범하지 않아

男 妹が注文し過ぎて食べきれないので、一緒にどうですか？

남 여동생이 주문을 많이 해서 다 못 먹을 것 같은데, 같이 드실래요?

🖵 나를 위한 한끼 ~포상밥~

男 池田さん、きれいに完食したな。

남 이케다 씨, 깨끗하게 비웠네.

자연스러운 문장이 되도록 어울리는 표현을 골라서 적절한 형태로 만들어 넣으세요.

> 行っとく　ひとり酒　裏メニュー　食いしん坊　小食　すきっ腹　お
> なかすかす　食べそびれる　食べきる

1. 朝ご飯 ＿＿＿＿＿＿＿＿＿＿＿＿＿ おなかぺこぺこなの。

2. ＿＿＿＿＿＿＿＿＿＿＿＿＿ で少しでも無理をすると、胃もたれを
   起こしてしまう。

3. じゃあ、今夜はラーメンに ＿＿＿＿＿＿＿＿＿＿ ？

4. この子たち、＿＿＿＿＿＿＿＿＿＿ るし、なんか作るよ。

5. 何だか作りすぎちゃって、一人じゃ ＿＿＿＿＿＿＿＿＿＿ か
   ら、持ってきたんだよ。

6. オムドライは常連だけが知っている ＿＿＿＿＿＿＿＿＿＿ で
   す。

7. ＿＿＿＿＿＿＿＿＿＿ にワインは、体に良くないですよ。

8. ＿＿＿＿＿＿＿＿＿＿ は、お店の人やほかのお客さんと話し
   たいからなの？

9. 昼ごはん食べたばっかりなのに、まだ食べ物見てんの？ホント
   ＿＿＿＿＿＿＿＿＿＿ なんだね。

別腹 (べっぱら) (~が入っていく) 배는 따로 있음, ~는 별개

たらふく 배불리, 배 터지게, 실컷

더 이상은 먹을 수 없을 정도로 많이 먹었는데도, 후식이나 다른 음식을 또 먹을 수 있다고 할 때 〜は別腹(べっぱら)라고 하는데, '~가 들어가는 배는 따로 있다'란 뜻이다. 음식 외에도 무엇과는 별개로 무엇은 할 수 있다고 할 때도 쓴다. 그리고 '배불리 실컷'이란 의미로 たらふく가 있다. 足(た)りる, 足(た)る 등의 '충분히 되다'란 의미의 동사 足(た)らふ에 부사 어미 く가 붙어서 생긴 말이다.

📺 옆집 남자는 잘 먹는다

男 その細い体のどこに入るんですか？

남 그 마른 몸에 어디로 다 들어가요?

女 スイーツは別腹でしょ。

여 디저트 들어가는 배는 따로 있지.

🐱 은수저

男 多摩子(たまこ)、卓球部(たっきゅうぶ)なのか。って、何でそんな体力が残ってるんだよ！

남 타마코, 탁구부야? 근데, 왜 그렇게 체력이 남아있는 거야!

女 卓球は別腹です！

여 탁구하는 체력은 별개예요!

📺 꽃보다 남자 2 리턴즈

女 じゃあ、今日はおいしいモン、たらふく食べちゃおう、ねッ！

여 그럼 오늘은 맛있는 거 배 터지게 먹자!

📺 혼활 1000개 노크

女 あ〜、何か小腹(こばら)減ったな。

여 아~ 왠지 배가 살짝 고프네.

男 えっ、ギョーザ、たらふく食べてきたんじゃないの？

남 어, 만두 실컷 먹고 온 거 아니었어?

어휘

小腹(こばら)が減(へ)る 배가 조금 고프다, 출출하다

買い食い 군것질　おやつ 간식
差し入れ 새참, 간식

과자나 길거리 음식 등을 사먹는 '군것질'은 買い食い라고 하는데, 일본에는 학생들에게 이를 금지하는 학교가 꽤 있다. 점심과 저녁 사이에 먹는 간식은 おやつ라고 하는데, 1일 2식을 했던 에도 시대에 허기를 달래기 위해 八つ刻(현재의 오후 2~4시)에 가벼운 음식을 먹었던 관습에서 생긴 말이다. 맞벌이로 시간이 없는 경우가 아니면 일본에선 엄마가 아이의 간식을 잘 챙기는 편이다. 그리고 일하는 사람, 훈련하는 사람, 구치소에 갇힌 사람 등에게 힘내라고 식사나 간식, 음료 등을 갖다주는 것을 差し入れ라고 한다.

🐱 우리는 공부를 못해

女　何のまねかしら。学校帰りの買い食いは校則で禁止されているはずよ。

여 뭐 하는 거야? 하굣길의 군것질은 교칙으로 금지되어 있을 텐데.

🎬 백엔의 사랑

女　ちょっと！こんな時間にコンビニなんか行って、買い食いすんじゃないよ！

여 좀! 이 시간에 편의점 같은 데 가서 군것질하는 거 아니야!

📺 삼천 엔의 사용법

女　　今日のおやつ、何にする？
女の子　佐帆ちゃん、ホットケーキ食べたい。

여　오늘 간식은 뭘로 할래?
여아 사호는 팬케이크 먹고 싶어.

📺 애니멀즈

女　皆さーん！差し入れ持ってきました！
男　うわぁ！何これ、何これ、これプリンじゃん！

여 여러분! 간식 가져왔어요!
남 우와! 뭐야, 뭐야? 이거 푸딩이네!

어휘

まね 행동, 짓　校則　禁止　すんじゃない = するんじゃない

やけに 유난히, 무척
やけになる 악에 받치다, 자포자기하다

やけには 여느 때와 달리 '유난히', 보통과 달리 '무척', '되게'란 뜻이다. 또한, '무모하게', '함부로'란 의미도 있어서 やけになる는 일이 뜻대로 되지 않아 악에 받치거나, 자포자기하거나, 될 대로 되라고 생각하는 것을 의미한다. やけ의 힘줌말로 やけくそ도 있다.

📺 사랑입니다! ~양키 군과 흰자팡이 걸~

姉 あっ、この前、言ってたジム通うことにしたんだ。ウエアとか買って来ちゃった。

妹 お姉ちゃん、運動嫌いなのに、最近、やけに張り切ってない？

언니 아, 요전에 말했던 헬스장에 다니기로 했어. 운동복도 사 와 버렸어.
동생 언니는 운동 싫어하면서, 요즘 유난히 의욕 넘치는 거 아니야?

📺 단신화일

(여자가 남자의 셔츠 버튼을 풀자)

男 どうした？今日はやけに積極的だな。

남 웬일이야? 오늘은 유난히 적극적이네.

📺 결혼 상대는 추첨으로

女 「何で私ばっかりそんな目に遭うの？」って、やけになってお酒ばっかり飲んでた。

여 "왜 나한테만 그런 일이 생기는 거지?"하고, 자포자기해서 술만 마셨어요.

📺 오늘 밤은 코노지에서

男1 吉岡、どうしたんだ？

男2 おそらく、フラれてやけになってるのかと…。

남1 요시오카한테 뭔 일 있어?
남2 아마 차여서 악에 받친 게 아닌가 싶네요.

어휘

ジム 체육관, 헬스장　ウエア 의류　運動嫌い 운동을 싫어하는 사람　張り切る 의욕이 넘치다　積極的
目に遭う 안 좋은 일을 겪다

109

やけ食い 홧김에 마구 먹는 것, 홧김에 폭식

やけ酒 홧김에 먹는 술, 홧술

やけになる가 '악에 받치다', '자포자기하다'란 뜻이라고 했는데, 안 좋은 일로 악에 받쳐서 홧김에 마구 먹는 것을 やけ食い, 홧김에 먹는 술을 やけ酒라고 한다. やけ食いする는 '홧김에 마구 먹다', やけ食いに走る는 '홧김에 마구 먹게 되다'란 뜻이다. 홧술은 やけ酒を飲む(홧김에 술 마시다), やけ酒をあおる(홧김에 술을 들이켜다)라고 표현한다.

📺 봄이 되면

女 ねえ、これ、もう３枚目だよ。このあと、もんじゃも食べるでしょ？

男 うん、失恋のやけ食い。

여 이봐, 이거 벌써 3개째야. 이다음에 몬자야키도 먹을 거잖아?

남 응, 실연의 폭식이야.

📺 결혼하지 않는다

女 千春さん。ショックなことがあると、やけ食いに走る癖、直した方がいいですよ。

여 치하루 씨, 충격받는 일 있으면 홧김에 마구 먹는 습관, 고치는 게 좋아요.

📺 도쿄 센티멘탈

男 何年前だったろうか、冬の寒い日だった。営業に失敗してやけ酒をあおってね。気がついたら、この店に来ていた。

남 몇 년 전인가 추운 겨울날이었어. 영업에 실패하고 홧김에 술을 들이켰지. 정신 차려보니 이 가게에 와 있었어.

📺 저, 운명의 사람입니다

男 やけ酒に付き合っていただけませんか？

女 嫌です。普通に飲みましょう。

남 홧술 마실 건데 같이 할래요?

여 싫어요. (홧술 말고) 그냥 마셔요.

어휘

３枚目　失恋　癖 습관, 버릇　あおる 들이켜다　付き合う 함께하다, 어울리다

110

打ち上げ 뒤풀이, 쫑파티
二次会 뒤풀이, 2차

打ち上げ는 '쏘아 올림'이란 뜻이지만, 회사의 프로젝트나 거래, 학교의 시험/방학/보충수업 등 어떤 일을 마친 기념으로 하는 뒤풀이나 쫑파티를 의미하기도 한다. 二次会(2次会)는 단순한 술자리의 '2차'를 의미할 때도 있지만, 그보다는 주로 결혼식의 뒤풀이 또는 동창회나 큰 회식이나 파티의 2차를 의미할 때가 많다. 참고로 신입생/신입사원 환영회는 新歓이라고 한다.

이쪽을 봐줘, 무카이군

女 この間の内覧会、無事、終わったし、みんなで打ち上げしましょうよ。

여 저번 내람회도 무사히 마쳤는데, 다 같이 뒤풀이해요.

장난스런 키스 ~러브 인 도쿄

男 そうだ、A組も喫茶店でテストの打ち上げするらしいけど、入江も行くか？

남 맞다. A반도 카페에서 시험 뒤풀이 한다던데, 이리에도 갈래?

혼활 1000개 노크

女1 結婚式といえば二次会。そこは出会いの場。
女2 確かに。私の会社にも二次会で出会って結婚した人います。

여1 결혼식 하면 뒤풀이지. 그곳은 만남의 자리.
여2 맞아요. 우리 회사에도 뒤풀이에서 만나서 결혼한 사람 있어요.

도쿄남자 도감

男 じゃあ、2次会、行く人〜？
社員たち は〜い！

남 그럼 2차 갈 사람?
직원들 가요~!

어휘

内覧会 신축한 집을 공개하는 행사　喫茶店

111

もう一軒行く 한잔 더 하러 가다, 2차 가다
飲み直す 장소를 바꿔 또 마시다　飲み明かす 밤새도록 술 마시다

우리는 다른 데 가서 더 마시거나, 먹거나, 놀거나 할 때 2차를 간다고 하지만, 일본에서 술을 더 마시기 위해 다른 장소에 또 간다고 할 때는 もう一軒、行く 라고 한다. 의역하면 '한잔 더 하다', '2차 가다'란 말이 된다. 그리고 분위기를 바꿔서 마시기 위해 딴 데 가서 마시는 것은 飲み直す라고 한다. 추가로 飲み明かす는 해 뜰 때까지 마신다는 의미이므로 '밤새도록 마시다'가 된다.

📺 와카코와 술

女1 まだ時間あるし、もう一軒、行く？
女2 行きたい。

여1 아직 시간 있는데, 한잔 더 하러 갈래?
여2 가고 싶어.

📺 새로운 왕

男 よかったら、これからうちで飲み直さない？

남 괜찮으면 이제 우리 집에서 더 마시지 않을래?

📺 도쿄 남자 도감

男 店、変えて、飲み直そうぜ。
女 賛成。あそこ行かない？いそやす。部活帰りによく寄ったじゃん。

남 다른 가게 가서 더 마시자.
여 찬성. 거기 안 갈래? '이소야스'. 동아리 끝나고 자주 갔었잖아.

📺 임시 남자친구

男 じゃあ、今日はこれから飲み明かしましょう！

남 그럼 오늘은 지금부터 밤새도록 마시죠!

어휘

賛成　部活 동아리 활동, 클럽 활동　寄る 들르다

112

ベロベロ 해롱해롱, 곤드레만드레
酔い潰れる 만취해서 곯아떨어지다

혀가 꼬일 정도로 만취한 상태를 べろべろ라고 하는데, 우리말로는 '해롱해롱', '곤드레만드레' 등의 의미가 된다. 그래서 천 엔으로 만취할 수 있을 정도의 가성비 술집을 千円과 べろべろ를 합쳐서 せんべろ라고 한다. 만취해서 곯아떨어지는 것은 酔い潰れる라고 한다.

콩트가 시작된다

男 ベロベロに酔っぱらってたから覚えてないですよね？

남 해롱해롱 취해 있어서 기억 안 나죠?

솔로 활동 여자의 추천

女 千円でベロベロに酔えるほどの価格帯の大衆酒場「せんべろ」。システムは極めてソロ活に向いている。

여 천 엔으로 곤드레만드레 취할 수 있을 정도의 가격대인 대중 술집 '센베로'. 시스템은 더없이 솔로 활동에 적합하다.

사랑 없는 연인들

男 昨日、酔い潰れたこいつを送っていこうとしたら、家がどこか聞いてもわからないから、しかたなく泊めただけだ。

남 어제 곯아떨어진 이 녀석을 데려다주려 했는데, 집이 어딘지 물어도 알 수 없어서 어쩔 수 없이 재워 준 것뿐이야.

과보호의 카호코

娘 加穂子、どうしたんだっけ？

딸 나(카호코) 어떻게 된 거야?

父 ああ… 酔い潰れたのを麦野君がまた送ってくれたんだ、家まで。

아빠 아… 곯아떨어진 너를 무기노가 또 집까지 데려왔어.

어휘

価格帯　大衆酒場　極めて 더없이, 더할 나위 없이　泊める 묵게 하다　送る 데려다주다, 바래다주다

unit 89

悪酔_{わるよ}い (술 마신 후) 뒤끝이 좋지 않음, 주정 부림

くだを巻_まく 횡설수설 술주정하다

悪酔_{わるよ}いは 술 마시고 뒤끝이 좋지 않다는 의미도 있고, 주정을 부린다는 의미도 있다. 주로 悪酔いする의 형태로 사용한다. くだ는 '장황하고 번거롭다'란 뜻의 くだくだしい가 짧아진 형태로, くだを巻_まく는 술에 취해 횡설수설 술주정한다는 의미이다.

 코타츠가 없는 집

男 いいテキーラは悪酔いしないんです。　｜　남 좋은 테킬라는 뒤끝이 없어요.

📺 메꽃 ~평일 오후 3시의 연인들~

女 課長、飲み会で悪酔いしちゃったみたいで。　｜　여 과장님이 회식에서 술주정한 것 같아요.

📺 그 여자, 지르박

男 その老人は酒に酔い、道端_{みちばた}でくだを巻き、叫んでいたんです。　｜　남 그 노인은 술에 취해 길가에서 횡설수설하며 소리를 지르고 있었어요.

📺 하코즈메 ~싸워라! 파출소 여자들~

女 私の部屋に入_いり浸_{びた}って、お酒飲んで、くだ巻いて。しまいには寝ちゃって部屋まで担_{かつ}いで行って。なのに次の日、会っても当たり前の顔してるし。ホント最悪なんです！藤_{ふじ}さんって。　｜　여 제 방에 눌어붙어서 술 마시고 술주정하고, 결국엔 잠들어버려서 방까지 짊어지고 옮기고. 그런데도 다음 날 만나면 태연한 얼굴을 하고 후지 씨는 정말 최악이에요!

어휘

道端_{みちばた} 길가　叫_{さけ}ぶ 외치다　入_いり浸_{びた}る 남의 집에 눌어붙다　しまい 최후, 마지막　担_{かつ}ぐ 짊어지다, 메다
当_あたり前_{まえ} 당연함, 태연함

シラフ 술에 취하지 않은 맨정신
酔いをさます 술을 깨우다

술이나 약에 취하지 않은 맨정신인 상태를 しらふ라고 한다. 한자로 쓰면 素面와 白面인데, 素面는 '화장을 하지 않거나 가면을 쓰지 않은 맨얼굴', 白面는 '취해서 얼굴색이 변한 게 아니라, 원래 흰색의 얼굴'이란 뜻에서, 둘 다 '취하지 않은 맨정신'을 의미한다. 酔いをさます는 '취기/술(酔い)'을 깨우다(さます)'란 뜻으로, '술을 깨도록 함'이란 뜻의 명사형 酔いざまし도 있다.

🎬 바닷마을 다이어리

姉 そういうことはさ、しらふのときに言いなさいよ。
妹 こんなこと、酒飲まずに言えるわけないじゃないよ。

언니 그런 건 말이야. 맨정신일 때 얘기해.
동생 이런 걸 술 안 마시고, 어떻게 얘기해?

📺 나기의 휴식

(빨래방에서 남자가 흰 세제를 보여주자 마약으로 오해하는 여자)

男 どう？気持ちいいよ。
女 い… いえ！あの… 私、シラフでも十分、気持ちよくなれますので！

남 어때? (이거 쓰면) 산뜻해.
여 아… 아뇨! 저기… 전 맨정신에도 충분히 기분 좋아질 수 있어요!

📺 절대 그이

男 俺、もうちょっと、酔い、さましてから戻るわ。

남 난 좀 더 술 깨고 돌아갈게.

🎬 사랑은 비가 갠 뒤처럼

男1 途中まで乗っていけよ。
男2 いや、酔いざましに歩いてく。

남1 중간까지 타고 가.
남2 아니, 술 깰 겸 걸어갈 거야.

어휘

途中 도중, 중간

✏️ 자연스러운 문장이 되도록 어울리는 표현을 골라서 적절한 형태로 만들어 넣으세요.

別腹　買い食い　やけになる　やけ食い　打ち上げ　飲み直す　ベロ
ベロ　悪酔い　しらふ

1. 少し話がしたいんだけど、場所変えて _____ ?

2. A : 酒の力借りて、はっきり聞くけど。

　　B : フッ… _____ でも聞くくせに。

3. 日本酒とウイスキーをちゃんぽんしたら _____
するって。

4. お前、_____ ばっかで、ろくなもん食べてな
いじゃん。

5. 父はたまに _____ に酔っ払って、外で靴を脱
いで入ってきます。

6. 今日は部屋で _____ やるから、みんな出席し
てね。

7. A : でもデザートまで入るかしら？

　　B : 甘いものは _____ よ。

8. ストレスから _____ に走り、コロンと太って
しまった。

9. 俺のことが忘れられなくて、_____ 男遊びし
てんの？

自炊する

스스로 식사를 해 먹다

우리는 밥을 사 먹든, 해 먹든 상관없이, 부모님 집에서 나와서 혼자 생활하는 것을 '자취'라고 하지만, 일본에서 自炊는 한자 그대로 스스로 식사를 만들어 먹는 것을 의미한다. 참고로, 같은 한자를 쓰는 炊く가 '밥을 짓다'란 뜻이다. 自炊의 반대말은 外食로, 근사한 외식이 아니어도 집 밖에서 돈을 내고 사 먹으면 모두 外食라고 한다.

📺 오! 마이 · 보스! 사랑은 별책으로

女　潤之介さんって、自炊するんですか？

男　うん、たまに。でも、外食が多いかな。

여 준노스케 씨는 밥해 드시나요?

남 응, 가끔. 하지만 외식할 때가 많아.

📺 아리무라 카스미의 출휴

女　架純、休みの日くらい自炊しなよ。外食ばっかだと、栄養ヤバいよ。

여 카스미, 쉬는 날 정도는 해서 먹어. 사 먹기만 하면 영양 부실해.

📺 소란스럽게 밥

男　俺なんて、毎日寂しくコンビニめしですよ。

女　自炊しないの？

남 나는 매일 외롭게 편의점 밥이에요.

여 해 먹지 않아?

📺 혼인 신고서에 도장을 찍었을 뿐인데

女　お米がこんなに安いなんて、今年一番の感動だわ。

男　えっ？おねえさん、自炊したことないの？

여 쌀이 이렇게 싸다니, 올해 최고의 감동이다.

남 뭐? 누나는 해 먹어본 적 없어?

어휘

栄養　寂しい

117

出前を取る　出前を頼む

배달 음식을 시키다

주문한 요리를 배달하는 것을 出前라고 하는데, 상황에 따라 '배달 음식', '배달' 등의 의미가 된다. 前가 一人前로 쓰이는 것처럼 양을 의미해서 '밖으로 나가서(出向いて) 주문된 분량(前)을 배달한다'는 의미의 설과, '밖으로 나가서(出向いて) 당신 앞(お前)으로 배달한다'는 설, 이렇게 두 가지가 있다. '(음식을) 배달시키다'라고 할 때는 出前(を)取る 또는 出前(を)頼む라고 한다. '배달'이란 한자인 配達는 신문이나 우유처럼 정기적으로 배달하는 것을 의미한다.

집필 불가! 각본가 케이스케 씨의 각본 없는 인생

(요리 실력 없는 엄마가 식사를 준비한다고 하자)

母　だから今日は、お母さんが晩ごはん作る
　　から。

娘　ええ〜出前取ろうよ。

엄마　그러니까 오늘은 엄마가 저녁밥
　　만들게.

딸　뭐? 배달시켜 먹자.

사랑할 수 없는 두 사람

女　何か出前でも取ります？

여　뭐, 배달이라도 시킬까요?

어이 미남!!

女　おなかすいた。出前、頼もっかな。

여　배고파. 배달시킬까?

저, 정시에 퇴근합니다

(사무실에 음식 배달 온 사람이 등장)

女1　上海飯店で〜す。

女2　出前、頼んだの？

여1　상하이 반점입니다~

여2　배달시켰어?

어휘

晩ごはん 저녁밥 = 夕飯, 夕食

手料理 てりょうり 손수 만든 요리, 가정 요리　手作り てづくり 손수 만듦, 수제

自家製 じかせい 자가 제조, 수제

주문하거나 만들어진 요리를 산 것이 아니라, 손수 만든 요리를 手料理(てりょうり)라고 한다. 그리고 가게에서 산 것이 아니라 손수 만든 것을 手作り(てづく)라고 하는데, 手作りチョコ(수제 초콜릿), 手作りキャンドル(수제 양초)처럼 음식이나 물건 등 다양하게 사용한다. '자가 제조'란 뜻의 自家製(じかせい)는 자기 집이나 가게에서 직접 만든 것을 의미해서 自家製ソーセージ(수제 소시지), 自家製タルタルソース(수제 타르타르소스)처럼 쓴다. 특히 공장에서 만들어진 음식이 아니라, 자기 가게에서 직접 만든 음식임을 강조할 때 많이 쓴다.

 결혼 예정일

女　ねえ、おなか、すかない？
男　佳子(よしこ)さんの手料理が食べたいな。

여　저기, 배고프지 않아?
남　요시코 씨가 만든 요리가 먹고 싶네.

멘쯔유 혼밥

女　お口に合えばいいんですが…よろしければ、私の手作り弁当です。

여　입에 맞으시면 좋겠는데… 괜찮으시면, 제가 직접 만든 도시락이에요.

왼손잡이 에렌

女　店の本棚って、全部、手作りなんすか？

여　가게의 책장, 전부 손수 만든 거예요?

여자 구르메 버거부

男　よかったらビールはいかがですか？うちはビールは自家製で造ってるんです。

남　괜찮으시면 맥주는 어때요? 저희 가게 맥주는 직접 만드는 수제예요.

어휘

本棚(ほんだな)　造(つく)る

出来合い 만들어놓고 파는 음식
チンする 전자레인지에 돌리다

만들어져 있는 음식이나 기성품을 뜻하는 出来合い는 주로 편의점, 마트, 시장 등에서 파는 완성된 한끼 음식이나 반찬을 의미한다. 앞서 나왔던 手作り나 手料理의 반대 표현이다. 그리고 전자레인지로 음식으로 데우는 것을 チンする라고 하는데, 전자레인지의 작동이 끝나면 チン 소리가 나는 것에서 생긴 말이다. レンジでチンする를 줄인 レンチン이란 표현도 있다.

다음 생에는 제대로 하겠습니다

女 また出来合いのご飯、食べてんの？ちゃんと栄養あるもの食べて。

여 또 파는 밥 먹는 거야? 제대로 영양가 있는 거 먹어.

삼천 엔의 사용법

女1 原田さん、お弁当なんて珍しいですね。

女2 外食は塩分多いし、出来合いの物は添加物が気になるでしょ。あたしはもう一人じゃないから。この子のためにも、体にいいもの食べようと思って。

여1 하라다 씨, 웬일로 도시락이에요?

여2 밖에서 먹는 음식은 염분이 많고, 파는 건 첨가물이 신경 쓰이잖아요. 저는 이제 홀몸이 아니니까. 이 아이를 위해서라도 몸에 좋은 걸 먹으려고요

선생님!... 좋아해도 될까요?

女 響、お母さん、出かけてくるから、冷蔵庫のエビピラフ、チンして食べて。

여 히비키, 엄마 나갔다 올 테니까, 냉장고에 있는 새우 필래프 전자레인지에 돌려 먹어.

제일 좋아하는 꽃

女 ピザ、硬くなっちゃったから、チンするね。

여 피자가 딱딱해져서 전자레인지에 돌릴게.

어휘

栄養 영양, 영양분　塩分 염분　添加物 첨가물　冷蔵庫　硬い

買い置き 예비로 미리 사둔 것
作り置き 미리 만들어 둔 음식

置くと '두다', '놓다'란 뜻이어서, 다른 동사의 연용형 뒤에 명사형 置き가 붙으면 '~해둠', '~해둔 것'이란 의미가 된다. 買い置き는 예비로 미리 사둔 것을 의미하고, '(미리) 사두다'는 買い置き하다라고 한다. 作り置き는 미리 만들어서 냉장고 등에 보관하는 음식으로, '(미리) 만들어두다'는 作り置き하다라고 한다. 그리고 書き置き는 '용건을 적어둔 메모'를 의미한다.

📺 **어젯밤의 카레 내일의 빵**

女　お母さん。パンストの買い置き、ある？

여　엄마. 팬티스타킹 사둔 거 있어?

📺 **유루캠프 △ 2기**

娘　お母さん、使い捨てカイロの買い置きって、これで最後？

母　あっ、もう、なくなっちゃった？あとで買ってくるわね。

딸　엄마, 1회용 손난로 사둔 거 이게 마지막이야?

엄마　아, 벌써 다 떨어졌어? 나중에 사 올게.

📺 **카나카나**

女　食事は冷蔵庫に作り置きしたよ。あっためて食べな。

여　식사는 냉장고에 만들어 뒀어. 데워서 먹어.

📺 **그 인연, 전해드립니다**

男　あれ？また、卵かけご飯？作り置きいっぱいあったでしょうが。

남　뭐야? 또 계란밥이야? 만들어둔 음식 많이 있잖아.

어휘

パンスト 팬티스타킹(パンティーストッキング의 준말)　使い捨て 쓰고 버리는 1회용　カイロ 손난로, 핫팩
あっためる 데우다(あたためる의 구어체)

とっておき 아껴둔, 숨겨뒀던, 비장의
穴場 알려지지 않은 좋은 장소

取って置き를 직역하면 '따로 간직해 둠'인데, 만일을 위해 소중히 아껴둔 물건이나 장소, 정보 등을 얘기할 때 쓴다. とっておきの場所(숨겨뒀던 장소), とっておきの話(아껴둔 이야기)처럼 상황에 따라 '아껴둔', '숨겨뒀던', '비장의' 등의 의미가 된다. 사람들에게 별로 알려지지 않은 좋은 장소를 穴場라고 하는데, 맛있는 식당, 분위기 좋은 카페, 공부하기 좋은 장소, 불꽃놀이 보기 좋은 장소 등 알려지지 않은 여러 좋은 장소를 언급할 때 사용한다.

📺 리갈 V ~전 변호사 타카나시 쇼코~

女 今、私のこと、本気で心配してくれたでしょ？とっておきのワイン、持ってきてあげる。

여 방금 진심으로 제 걱정했죠? 아껴둔 와인 가져올게요.

📺 망각의 사치코

男 いろいろ動いたら、おなかが減ったでしょ。今度はとっておきのお店にお連れします。

남 여기저기 돌아다녔더니 배고프죠? 이번엔 숨겨뒀던 가게로 데려갈게요.

📺 저, 운명의 사람입니다

男 あっ、温泉街に穴場の洋食屋さんがあるみたいなんで、早めに行ってお昼食べませんか？

남 아, 온천 마을에 숨은 괜찮은 양식당이 있다는데, 일찌감치 가서 점심 먹지 않을래요?

🐱 귀엽기만 한 게 아닌 시키모리 양

男 私、いい穴場、知ってるんだよね。人混みもなくて、花火がすごくよく見えるんだ。

남 나 숨겨진 좋은 장소 알고 있어. 사람도 붐비지 않고, 폭죽이 엄청 잘 보이지.

어휘

温泉街 온천 마을　　洋食屋 양식당, 양식집　　人混み 사람으로 붐빔, 인파

日持ちする (음식이) 며칠은 괜찮다
賞味期限が切れる 유통기한이 지나다

持つ에는 '(그 상태를) 유지하다/지속하다'란 뜻이 있어서, '음식이 상하지 않고 먹을 수 있는 상태를 유지하다'란 의미로도 쓴다. 그리고 음식을 며칠이고 이상 없이 보존할 수 있는 것을 日持ち라고 하고 주로 日持ちする 형태로 사용한다. '유통기한'은 賞味期限인데, '다 되다', '끝나다'란 뜻의 切れる를 써서 賞味期限が切れる라고 하면 '유통기한이 지나다'가 된다. '유통기한 지남'이란 명사형은 賞味期限切れ라고 하고, 유통기한이 간당간당한 것은 賞味期限ギリギリ라고 한다.

📺 침입자들의 만찬

女1　これってさ、冷蔵庫に入れとくの？

女2　そう、１週間は持つと思うから、あとはチンするだけ。

여1 이거 냉장고에 넣어둘 거야?

여2 응, 일주일은 괜찮을 테니까, 전자레인지로 돌리기만 하면 돼.

📺 유루캠프

女　お土産… やっぱ、日持ちするクッキーとかにすればよかったかな。

여 선물은 역시 며칠 동안 괜찮은 쿠키 같은 걸로 할 걸 그랬나.

📺 나의 신부 군

男　しかも、このパン、賞味期限、切れてるし！えっ？まさか、このパン、食べてないですよね？

남 게다가 이 빵 유통기한도 지났잖아요! 어, 설마 이 빵 먹은 거 아니죠?

🎬 식물도감

女　卵なんてあった？

男　賞味期限ギリギリのが２個。

여 (집에) 계란이 있었어?

남 유통기한 간당간당한 게 2개 있었어.

어휘

冷蔵庫　お土産 기념품, 선물

123

行きつけ 단골 가게　常連 단골손님
一見さん 처음 온 손님

자주 가는 단골 가게를 行きつけ라고 하며, 식당, 술집, 옷가게, 미용실 등 다양한 가게에 사용한다. 가게에 자주 오는 단골손님은 常連이라고 하며, 常連さん, 常連客라고도 한다. 반대로 가게에 처음 온 손님은 一見さん이라고 하는데, 기존 고객의 소개 없이는 입장할 수 없는 것을 一見さんお断り(처음 온 손님 사절)라고 한다. 고급 레스토랑이나 요정 등에 그런 곳이 간혹 있다.

이쪽을 봐줘 무카이군

男　２人はどういう知り合いなの？

女　行きつけのお店が同じで、飲み仲間です。

남　두 사람은 어떻게 알게 된 거야?

여　단골 가게가 같아서 술친구예요.

나를 위한 한끼 ~포상밥~

女1　おばちゃ～ん！

女2　はいよ～！いつものでいい？

女1　うん！

女2　はいよ～！

女3　すごい…。小湊さん、常連さんなんだ。

女1　まあね。このお店、子どものころからよく家族で来てるんだ。

여1　아주머니~!

여2　네~! 항상 먹는 걸로 줄까?

여1　네!

여2　OK~!

여3　우와! 코미나토 씨, 단골이구나.

여1　응. 이 가게는 어릴 때부터 자주 가족들과 오고 있어.

저 결혼 못하는게 아니라, 안하는 겁니다

女　ここ紹介制なの。いちげんさんはお断りってやつ。

여　여긴 소개로만 올 수 있어. '처음 온 손님 사절'이란 거.

어휘

飲み仲間 술친구　紹介制 소개를 통해서만 갈 수 있는 가게　お断り

おすそ分け (わ) 얻은 물건/이익을 남에게 나누어 줌
山分け (やま わ) 인원수에 맞춰 똑같이 나눔

얻은 물건이나 이익을 이웃이나 친구, 동료 등에게 나누어 주는 것을 おすそ分け라고 한다. 주로 얻은 음식이나 만든 음식이 너무 많아서 나눠줄 때 많이 쓴다. 그리고 함께 협력해서 생긴 이익이나 보상을 인원수에 맞춰 똑같이 나누는 것을 山分け라고 한다.

📺 나기의 휴식

女　トウモロコシ届いてたよ。いつもありがとう。会社のみんなにもおすそ分けして、うん。みんな喜んでくれてた。

여　옥수수 도착했어. 항상 고마워. 회사 사람들한테도 나눠주고, 응. 다들 좋아했어.

📺 사랑하는 사이

女　今日に肉じゃが作りすぎちゃって、お隣のおじいちゃんにおすそ分けしようと思ったらさ、何て言われたと思う？

여　오늘 고기감자조림을 너무 많이 만들어서, 옆집 할아버지한테 나눠주려고 했더니, 뭐라는 줄 알아?

📺 SHUT UP

女1　残ったの、こんだけかぁ。
女2　山分けすると、一人、670円。
女3　牛丼に、みそ汁と、生卵つけられる！

여1　남은 건 이것뿐인가.
여2　인원수대로 나누면 1인당 670엔.
여3　규동에 장국이랑 날계란 추가할 수 있다!

📺 일요일 밤 정도는…

女　私、今、1000万、持ってんだ。この間の宝くじ、一緒に買った友達が、3000万、当たって、3人で山分けした。

여　나 지금 천만 엔 갖고 있어. 요전에 복권 같이 산 친구가 3천만 엔 당첨되어서, 3명이서 똑같이 나눴어.

어휘

とうもろこし 옥수수　肉じゃが (にく) 고기감자조림　隣 (となり) 이웃, 옆집　宝くじ (たから) 복권

125

✎ 자연스러운 문장이 되도록 어울리는 표현을 골라서 적절한 형태로 만들어 넣으세요.

自炊　出前とる　自家製　出来合い　作り置き　とっておき　日持ち
する　行きつけ　山分け

---

1. ご夕食は冷蔵庫に ＿＿＿＿＿＿＿＿＿＿ してありますので、お

　召し上がりください。

2. 次は、僕の ＿＿＿＿＿＿＿＿＿＿ の豚カツ屋に連れてくよ。

3. おなかすいたんだけど ＿＿＿＿＿＿＿＿＿＿ ？

4. 賞金は4人で ＿＿＿＿＿＿＿＿＿＿ しよう。

5. 今日のお礼に、＿＿＿＿＿＿＿＿＿＿ のお店、紹介しますよ。

6. このベーコンって、お店の ＿＿＿＿＿＿＿＿＿＿ なんだって。

7. A：そば、買いすぎじゃない？

　B：余っても ＿＿＿＿＿＿＿＿＿＿ から大丈夫。

8. 母が作ってくれたお弁当は、いつも ＿＿＿＿＿＿＿＿＿＿ のも

　のではなく、手作りだった。

9. A：あなた、料理もお好きなの？

　B：ええ、ほぼ毎日、＿＿＿＿＿＿＿＿＿＿ なので。

· CHAPTER 4 ·

쇼핑

格安 _{かくやす} (보통보다) 저렴함

激安 _{げきやす} 초저가

割高 _{わりだか} 은근 비쌈

バカ高い _{たか} 엄청 비싸다

格安(かくやす)는 같은 수준의 다른 것보다 가격이 저렴하다는 의미로, 格安航空(こうくう)(저가 항공), 格安チケット(할인 티켓), 格安スマホ(알뜰폰)처럼 쓰기도 한다. 激安(げきやす)는 가격이 매우 저렴하다는 뜻으로 '초저가'에 해당한다. 그리고 품질이나 양에 비해 비싼 것을 割高(わりだか)라고 하고, 터무니없게 비싼 것은 バカ高(たか)い라고 한다.

 이시코와 하네오 -그런 일로 고소합니까?-

女 この物件、格安なのでオススメです。

여 이 집은 딴 곳보다 저렴해서 추천합니다.

 하야코 선생님, 결혼한다니 정말인가요?

男 東立川(ひがしたちかわ)の駅の外(はず)れに、コロッケ屋さんがあってね、閉店間際(まぎわ)の時間に行くと、1個100円が半額の50円と、激安になるんです。

남 히가시타치카와역 변두리에 고로케 가게가 있는데요 문 닫을 시간쯤에 가면 1개 100엔짜리가 반값인 50엔으로 초저가가 돼요.

 희미한 그녀

女1 じゃあ、1丁目(ちょうめ)のスーパーにも行く？

女2 あそこ特売でも割高だから。行くなら3丁目のほうがいいよ。

여1 그럼 1쵸메의 슈퍼에도 갈까?

여2 거긴 특가도 은근 비싸니까, 간다면 3쵸메 쪽이 좋아.

 사람은 겉모습이 100%

女 あんなバカ高いもの、よく普通に持って歩けるわね。

여 저렇게 터무니없이 비싼 걸 아무렇지도 않게 잘도 들고 다니네.

어휘

外(はず)れ 변두리　閉店(へいてん) 문을 닫음　間際(まぎわ) ~가 다 되어서　半額(はんがく)　特売(とくばい) 특가 판매

128

unit 101

安上がり 싸게 먹힘
やす あ

高くつく 비싸게 먹히다, 돈이 많이 들다
たか

돈을 적게 쓰고 마무리한다는 의미의 安上がり는 우리말로 '싸게 먹힘', '싸게 치임'이란
やす あ
뜻이다. 반대 표현으로 高上がり란 말은 없고, '비싸게 먹히다', '돈이 많이 들다'란 뜻의 高
たか
くつく가 있다.

📺 **굿모닝 콜**

女 あっ、明日から早起きして、お弁当、作
んなきゃだ。

男 無理しないで、購買で買えばいいじゃ
こうばい
ん。

女 甘いよ、みっちゃん！作ったほうが、ず
っと安上がりなんだよ。

여 아, 내일부터 일찍 일어나서 도시락
만들어야 되네.

남 무리하지 말고 매점에서 사면 되잖
아.

여 야무지지 못하네, 밋짱! 만드는 게
훨씬 싸게 먹힌다고.

📺 **도쿄 타라레바 아가씨**

女1 明日、結婚相談所に入会してきま～す。

女2 マジで？えっ、えっ！ねえ、入会金30
万円？

女1 でも、結果それで条件のいい男と結婚
できるなら、安上がりだって気付いた
んだよね。

여1 내일 결혼상담소에 가입하고 오겠
습니다.

여2 정말? 헉! 입회비가 30만 엔?

여1 하지만, 결과적으로 그걸로 조건
좋은 남자와 결혼할 수 있다면 싸
게 먹힌다는 걸 알았어.

📺 **희미한 그녀**

男 あの、いつも、お手伝いを？

女 ええ。ここ最近は。

娘 バイト雇うと高くつくしね。

남 저기, (따님이) 항상 도와주나요?

여 네, 요즘은요.

딸 알바 쓰면 돈 많이 드니까.

어휘

早起き 購買 구매, 매점 結婚相談所 入会金 입회비 雇う 고용하다
はやお こうばい けっこんそうだんじょ にゅうかいきん やと

プチプラ 저렴이
百均 (ひゃっきん) 100엔 숍

プチプラは '작은', '귀여운'이란 뜻의 프랑스어 petit(プチ)와 price를 합친 プチプライス
의 준말로, 저렴한 화장품이나 액세서리 등에 대해 '저렴이'란 의미로 사용한다. 100엔 숍
은 100円ショップ라고도 하지만, 100円均一ショップ을 줄여서 百均(100均)이라고 많
이 부른다.

📺 아빠와 딸의 7일간

女 プチプラコスメ以外、使ったことないで
　　す。

여 저렴이 화장품 외에는 써본 적 없어
　　요.

📺 섹시한 타나카 씨

(가방에서 화장품들을 꺼내 놓으며)

女 全部、私の愛用品(あいようひん)なんです。ほとんどプ
　　チプラですけど。最近のプチプラはとっ
　　ても優秀なんですよ。

여 전부 제가 애용하는 거예요. 대부분
　　저렴이지만요. 요즘 저렴이들은 아
　　주 좋아요.

📺 만들고 싶은 여자와 먹고 싶은 여자

女 帰りに100均に寄ってみましょうか。

여 돌아가는 길에 100엔 숍에 들러 볼
　　까요?

📺 그게 아닌 쪽의 그녀

(비닐봉지가 터져서 곤란해하는 사람에게 장바구니를 건넴)

女1 あの〜よかったら、これ、どうぞ。
女2 あっ、いえ、そんな、大丈夫ですから。
女1 気にしないでください。あの、百均の
　　　やつなんで、ウフフフ…。

여1 저기, 괜찮으시면 이거 쓰세요.
여2 아, 아뇨, 안 그래도 괜찮아요.
여1 신경 안 쓰셔도 돼요. 100엔 숍 거
　　　니까요.

어휘

均一(きんいつ) 균일　愛用品(あいようひん) 애용품　優秀(ゆうしゅう)　寄(よ)る

130

unit 103

デパ地下 백화점 지하 식품 매장
デパコス 백화점 화장품

백화점(デパート) 지하(地下)의 식품 매장(食品売り場)을 일본에서는 짧게 デパ地下라고 한다. 그리고 '화장품'은 化粧品 외에도 コスメチック(cosmetic)를 줄여서 コスメ라고도 하는데, 그중에서도 백화점에서 판매하는 고급 화장품은 デパコス라고 한다.

📺 삼천 엔의 사용법

母 ねえ、美帆、ちゃんと、ご飯、食べてるの？

娘 うん。帰りにデパ地下とかで買ってるし。

엄마 저기, 미호, 밥은 제대로 먹고 있어?

딸 퇴근길에 백화점 식품 매장 같은 데서 사.

📺 아틀리에

男 あっ、これ、デパ地下で試食したら、おいしかったんだ。食べていいよ。

남 아, 이거, 백화점 식품 매장에서 시식했는데 맛있었어. 먹어봐.

📺 내일, 나는 누군가의 여자친구

女 あっ、メイク下地、なくなりそうなんだった。デパコスが欲しかったけど… 安いのでいっか。

여 아, 메이크업 베이스 거의 다 썼지. 백화점 화장품 사고 싶었는데… 그냥 싼 걸로 해야겠다.

📺 섹시한 타나카 씨

女 私は下地も日焼け止めもファンデも、デパコス最高級ライン、一択だけど？

여 난 메이크업 베이스도, 자외선 차단제도, 파운데이션도, 백화점 화장품 최상급 라인만 쓰는데?

어휘

試食 메이크下地 메이크업 베이스 = 化粧下地 日焼け止め ファンデ 파운데이션 最高級 최고급, 최상급 一択 무조건 ~

131

学割 학생 할인
社割 직원 할인

일본어로 '할인하다'는 割り引く, 명사형 '할인'은 割引라고 하는데, 그중에서도 학생 할인은 学生割引를 줄여서 学割라고 하고, 직원 할인은 社員割引를 줄여서 社割라고 한다. 그리고 학생 할인이나 직원 할인이 적용된다는 말은 学割が利く, 社割が利く 라고 한다. 이 외에도 연장자 할인은 シニア割引라고 한다.

 17.3 about a sex

女1 これ、どこで買えるの？	여1 이거 어디서 살 수 있어?
女2 婦人科のクリニック。学割も利くし。	여2 산부인과에서. 학생 할인도 돼.

 너는 나에게 빠지고 싶다

(골프 연습장에서)

女 ここ、社割、利くからって、来てみましたけど、ちょっと狭いですね。	여 여기 직원 할인이 되어서 와봤는데, 좀 좁네요.

 런치의 앗코짱

女1 私、次はアパレル、行きたいな〜。	여1 나 다음은 의류 회사로 가고 싶다~.
女2 いいね〜アパレル。派遣でも社割とか、あんだよね。	여2 의류 회사 좋네~. 파견 사원도 직원 할인 있지?

 나기의 휴식

女 すごいのよ、最近のレンタルショップって。シニア割引でとっても安く借りられちゃうの。	여 요즘 대여점은 아주 좋아. 연장자 할인으로 아주 싸게 빌릴 수 있어.

어휘

婦人科 부인과, 산부인과　狭い　派遣 파견 사원

コスパ 비용 대비 효과나 성능, 가성비

タイパ　タムパ 시간 대비 성과/만족도

コスパは コストパフォーマンス(cost performance)의 약자로, '비용 대비 효과나 성능'을 의미한다. 한국처럼 단순히 '가성비 좋다'라고 할 때도 쓰지만, 연애에 돈과 노력을 많이 들였는데도 성과가 좋지 못할 때 コスパが悪い라고 하거나, 조그만 선물에도 매우 기뻐하는 사람에게 コスパがいい라고 하기도 한다. タイパ와 タムパ는 일본식 영어 タイムパフォーマンス(time performance)의 약자로, '들인 시간 대비 성과나 만족도'를 의미한다.

📺 어이 미남!!

男1　でも、ここ、コスパ、超いいっすよね。	남1 근데 여기 가성비 완전 좋네요.
男2　おごってもらう立場で、コスパとか言うな。	남2 얻어먹으면서 가성비 같은 소리 하지 마.

📺 장인어른이라고 부르게 해줘

男　恋愛ってコスパ悪くないですか？お金もかかるし、時間も取られるし、だったら今は自分の好きなことやってたほうが楽しいかなって。	남 연애는 가성비가 나쁘지 않나요? 돈도 들고, 시간도 빼앗기고, 그렇다면 지금은 자신이 하고 싶은 일 하는 게 즐겁지 않을까 하고요.

📺 혼활 1000개 노크

女1　いや、婚活って、何か恥ずかしくない？出会いに飢えててさ、必死過ぎて、みっともないっていうか。	여1 아니, 맞선 같은 거 뭔가 창피하지 않아? 만남에 굶주려서 절박한 게 꼴사납다고 할지.
女2　私はそうは思いませんけど。だって自然に出会えるのを待つよりタイパもいいですし！	여2 저는 그렇게는 생각 안 해요. 그게 자연스럽게 만나는 걸 기다리는 것보다 시간 소비도 적고요.

어휘

超　婚活 구혼 활동　飢える 굶주리다　みっともない 꼴사납다, 보기 흉하다

ポチる 인터넷에서 지르다/주문하다/사다
お買い得 득템, 싸게 잘 삼

인터넷에서 상품을 사는 것을 ポチる 또는 ポチっとする(ポチッてする)라고 하는데, 구매 버튼을 누를 때 ポチッ하고 소리나는 것에서 생긴 말이다. 상황에 따라 '지르다', '주문하다', '사다'란 뜻이 된다. 그리고 실제 가치보다 싸게 사서 득을 본다는 뜻의 お買い得는 우리말의 '득템', '싸게 잘 삼'에 해당한다.

📺 모모우메

女 そんな話をしていたら、ついつい、また等身大の空気清浄機をポチッてしまった。

여 그런 얘기하던 와중에 그만 또 사람 크기의 공기청정기를 지르고 말았다.

📺 별이 내리는 밤에

娘 そろそろ、弁当箱、買って、マジで。タッパーなの、私だけなんだけど。

母 いいよ、なんか、ほら、ネットでさ、ポチッてよ。

딸 이제 그만 도시락통 좀 사줘, 정말로. 밀폐 용기 쓰는 사람은 나밖에 없다고.

엄마 그럼, 그 있잖아, 인터넷에서 주문해.

📺 집을 파는 여자

男 古いですけども、しっかりとした造りの家で、お買い得だと思いますよ〜。土地だけの値段で家が付いて来るんですから。

남 오래됐지만 튼튼하게 지은 집이어서 득템하시는 거예요~. 땅값만으로 집까지 딸려 오니까요.

📺 왼손잡이 에렌

女 今日、マーボー豆腐でいい？お買い得でいっぱい買っちゃった。

여 오늘 마파두부 괜찮아? 싸길래 많이 사버렸어.

어휘

等身大 사람 몸 크기　弁当箱　タッパー 밀폐 용기　造り 만듦새　土地

奮発する 큰마음 먹고 돈을 쓰다, 무리하다
爆買い 폭풍 구매

'분발하다'란 한자의 奮発する는 '큰마음 먹고 돈을 쓰다'란 뜻으로, 우리말로 '무리해서 ~ 하다'와 비슷하다. 큰마음 먹고 비싼 물건을 사거나, 음식을 많이 준비하거나, 비싼 요리를 사 먹거나, 무엇을 하는 데 돈을 많이 쓰거나 할 때 쓴다. 참고로 '폭풍 구매'란 뜻의 爆買い 도 있다.

📺 삼천 엔의 사용법

姉 あっ、そのコート、いいじゃん。

妹 いいでしょ？ボーナスで奮発して買っちゃった〜。

언니 아, 그 코트 멋지네.

동생 괜찮지? 보너스로 무리해서 사버렸어~.

📺 황혼 유우사쿠

男 いつもは親子丼なんだけど、今日は奮発してうな重にしてよかった。

남 평소엔 닭고기덮밥 먹는데, 오늘은 무리해서 장어덮밥으로 하길 잘했다.

📺 멘탈 강한 미녀 시라카와 씨

女1 あっ、林檎ちゃん！えっ、ストレートにしたの？かわいい！

女2 羽柴さんが教えてくれた美容室で奮発しちゃいました！

여1 아, 링고 씨! 어, 스트레이트파마했어? 귀엽다!

여2 하시바 씨가 알려준 미용실 가서 무리 좀 했어요!

📺 아내, 초등학생이 되다

女 はあっ、久々に爆買いしたら、アドレナリン出まくったわ〜。

여 하~ 오랜만에 폭풍 구매했더니, 아드레날린이 샘솟네~.

어휘

親子丼 うな重 장어찬합, 장어덮밥 久々に 出まくる 마구 나오다

unit 108

寝る間も惜しんで 잠잘 시간도 줄이며
出し惜しみ 내놓기 아까워함

惜しむ는 '아끼다', '아까워하다'란 뜻으로, 惜しまず는 '아끼지 않고', 惜しみなく는 '아 낌없이'가 된다. 寝る間も惜しんで(잠잘 시간도 아끼며/줄이며), 時間を惜しんで(시간을 아껴서/쪼개서) 등의 형태로도 많이 쓴다. '내놓기 아까워함'이란 뜻의 出し惜しみ는 물건이 나 사람을 내놓길 아까워하거나, 정보나 기술을 알려주길 아까워할 때 쓴다.

📺 서바이벌 웨딩

男　男はな、いい女には金も労力も惜しまな
　　い。プレゼントが欲しいって言われれ
　　ば、プレゼントをするし、迎えに来いと
　　言われれば、迎えにも行く。

남　남자는 말이야. 괜찮은 여자한테는 돈도 노력도 아끼지 않아. 선물이 갖고 싶다면 선물하고, 데리러 오라 면 데리러 가지.

🎬 꽃다발 같은 사랑을 했다

男　彼女は出遅れた分を取り返そうと、連
　　日、寝る間も惜しんで、就活に励んで
　　いた。

남　그녀는 (취업이) 늦어진 걸 만회하려 고, 연일 잠잘 시간도 줄이며 구직 활동에 전념했다.

📺 저 결혼 못하는게 아니라, 안 하는 겁니다

男　好きになった人に惜しみなくプレゼント
　　するタイプかもしれない。

남　(그 남자는) 좋아하게 된 사람에게 아 낌없이 선물하는 타입일지도 몰라.

📺 데이지 럭

男　北村店長は、自分の技術を出し惜しみす
　　るような人じゃないし。

남　키타무라 점장님은 자신의 기술을 알려주는 걸 아까워하는 사람이 아 니야.

어휘

労力 노력　迎えに来る　出遅れ 일의 (시작이) 늦음　取り返す 되찾다, 만회하다　連日　就活 구직 활 동　励む 힘쓰다, 전념하다　技術

136

unit 109

使い込む 손때 나게 오래(많이) 쓰다, (써서 안 될 돈을) 쓰다

使い捨て 한 번(잠시) 쓰고 버림, 일회용

使い込むは 물건을 손때 나게 오래 또는 많이 쓰다는 의미도 있고, 회사 공금 등 써서 안될 돈을 쓰다는 의미도 있다. 使い捨てる는 한 번이나 잠시 쓰고 버린다는 의미로, 일회용 물건을 의미하기도 하고, 사람을 이용하고 필요 없어지면 버리는 경우에도 사용한다.

 불량소녀, 너를 응원해!

男 辞書もこんなになるまで使い込んだ。成
長したね。

남 사전도 이렇게 될 때까지 많이 썼어.
성장했구나.

 이건 경비 처리할 수 없습니다!

女 お金が必要だからって、会社のお金を使
い込んでいいはずがないんです。

여 돈이 필요하다고 해서 회삿돈을 써
도 괜찮을 리가 없어요.

 유루캠프

女 使い捨てカイロが思ったより効かん。

여 일회용 손난로가 생각보다 효과가
없다.

 리걸 V ~전 변호사 타카나시 쇼코~

男 会社も俺を使い捨てにするだけ。おかげ
でいろいろ分かったよ。

남 회사도 나를 쓰고 버릴 뿐이야. 덕
분에 여러 가지 알게 됐어.

어휘

辞書 **カイロ** 손난로, 핫팩 **効かん** = 効かない

137

買い替える 새로 사다　　作り替える 새로 만들다
建て替える 새로 짓다

替える는 '바꾸다', '갈다'란 뜻으로, 다른 동사의 연용형 뒤에 붙어서 '~해서 바꾸다' 즉 '새로 ~하다'란 뜻을 만든다. 買い替える는 '새로 사다', '새것으로 바꾸다', 作り替える와 造り替える는 '새로 만들다', 建て替える는 '새로 짓다'가 된다. 着替える는 바꿔(새로) 입는다는 뜻이므로 '갈아입다'가 된다. 사전에는 きかえる로 나오지만, 대부분 きがえる로 발음하고, 명사 着替え는 '갈아입을 옷'을 의미한다.

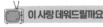 사랑이 서툴러도 잘 살고 있습니다

女 このスウェット、そろそろ買い替えたほうがいいよ。

여 이 티셔츠는 그만 새로 사는 게 좋겠어.

📺 이 사랑 데워드릴까요

男 スイーツを一新することにしました。まずは定番のシュークリームから作り替えてください。

남 디저트류를 새롭게 바꾸기로 했습니다. 우선은 간판 상품인 슈크림빵부터 새로 만들어 주세요.

📺 우리 집엔 아무것도 없어

男 ずっと考えてたんですけど、いずれ建て替えるなら、早い方がいいし、新しく建てて、4人で住みましょうよ。

남 쭉 생각했었는데, 어차피 새로 집을 지을 거면 빠른 게 좋고, 새로 지어서 넷이 함께 살아요.

😺 로맨틱 킬러

女 着替えてくるから、ちょっと待っててね。

여 옷 갈아입고 올 테니까 조금만 기다려.

어휘

スウェット 맨투맨 티　一新する 아주 새롭게 하다　定番 스테디셀러, 간판 상품

· 연습 문제 ⑪ ·

✏️ 자연스러운 문장이 되도록 어울리는 표현을 골라서 적절한 형태로 만들어 넣으세요.

格安　安上がり　百均　デパ地下　学割　コスパ　ポチってする　奮発　寝る間も惜しんで　使い込む　買い替える

1. ＿＿＿＿＿＿＿＿＿＿＿ で半額になった特上ずし、買ってきた。

2. このワンピース、ちょっと高かったんだけど、ラス１って言われて ＿＿＿＿＿＿＿＿＿＿ しちゃった！

3. あの人、実家の遺産や、娘の貯金も、勝手に ＿＿＿＿＿＿＿＿＿＿ んです。

4. いつ行っても ＿＿＿＿＿＿＿＿＿＿ なのに、１日しか映画に行かないって、どうなの？

5. 高くてもいいもの買った方がいいの。じゃ、＿＿＿＿＿＿＿＿＿＿ しちゃうよ？

6. 私は ＿＿＿＿＿＿＿＿＿＿ スマホに替えたら、月2,000円だよ。

7. この卓球セット、＿＿＿＿＿＿＿＿＿＿ で買ってきた。

8. いよいよガスコンロを ＿＿＿＿＿＿＿＿＿＿ ときが来た。

9. 手作りの方が ＿＿＿＿＿＿＿＿＿＿ でしょう。節約しないとね。

10. 売れるかどうか分からない微妙な物件に時間を割くのは ＿＿＿＿＿＿＿＿＿＿ が悪すぎる。

11. ＿＿＿＿＿＿＿＿＿＿ 働いて、やっと今の会社の正社員になった。

CHAPTER 5

주거·잠

unit 111

居座る _{눌러앉았다, 버티고 있다}

居着く　住み着く _{눌러살다}

남의 집이나 어떤 장소에 눌러앉아 오래 머무르거나, 어떤 공간에 자리를 차지하고 오래 버티고 있는 것을 居座る라고 한다. 비슷한 표현인 居着く와 住み着く는 '한곳에 자리잡고 눌러살다'란 뜻이다.

 그랑 메종 도쿄

女　今日だけだからね。ずっとここに居座ろうなんてしないでよ。

여　오늘만이야. 쭉 여기 눌러앉으려고 하지 마.

📺 행렬의 여신~ 라면 서유기~

男　夏川さん、ちょっと厨房をお借りしてもよろしいですか？

女　あぁ… すみません。ずっと居座っちゃって。

남　나츠카와 씨, 잠깐 주방 좀 써도 괜찮을까요?

여　아… 죄송합니다. 계속 자리 차지하고 있어서.

📺 늦게 피는 해바라기 ~나의 인생, 리뉴얼~

男　前に話しましたよね。岡山出身の私が四万十に居着いてしまったのは、付き合っていた彼女がここの人だったからだって。

남　전에 얘기했죠? 오카야마 출신인 제가 시만토에 눌러살게 된 것은 사귀던 여자친구가 이곳 사람이어서라고.

📺 아재's 러브

男　お前、この家、住み着くなよ！

남　너, 이 집에 눌러살려고 하지 마!

어휘
厨房

長居する
(방문한 집이나 가게에) 오래 머무르다

방문한 집에 오래 있거나, 커피숍이나 식당 등의 가게에 오래 머무르는 것을 長居라고 한다. 자주 쓰는 말로 "죄송합니다. 너무 오래 있었네요."는 すみません、すっかり長居しちゃって라고 하고, "오래 있지 않을 거야."는 長居はしない 또는 長居する気ない 라고 한다.

📺 **제일 좋아하는 꽃**

男 長居してすいません。お邪魔しました。

남 오래 있어서 미안해요. 실례했습니다.

📺 **코타츠가 없는 집**

男 この家、居心地いいから、つい長居しちゃうんだよなぁ。

남 이 집은 마음이 편해서 그만 오래 있게 되어버리네.

📺 **이 사람 데워드릴까요**

男 何でカフェ？飯まだなら…。
女 長居する気ないから。

남 왜 카페야? 식사 전이면…
여 오래 있을 생각 없으니까.

📺 **이 사람 데워드릴까요**

女 ごめんね、すっかり長居しちゃった。

여 미안, 너무 오래 있어버렸네.

📺 **언락기 걸!**

女 ごめんね。長居するくせに、頼むのドリンクばっかりで。

여 미안해요. 오래 있으면서 음료수만 주문해서.

어휘
邪魔 　居心地 어떤 장소에 있을 때의 느낌 　飯 　頼む 주문하다

転々とする 전전하다
渡り歩く 전전하며 돌아다니다

한곳에 오래 머무르지 않고 사는 곳을 자주 옮겨다니거나, 일하는 곳을 자주 옮기는 것을 우리말의 '전전하다'와 마찬가지로 転々とする라고 한다. 같은 의미로 渡り歩く도 '전전하며 돌아다니다'란 뜻이다.

 혼인 신고서에 도장을 찍었을 뿐인데

男1 家は見つかったんですか？

男2 友達んとこ、転々としてます。

남1 집은 구했어요?

남2 친구 집을 전전하고 있습니다.

 브러쉬 업 라이프

女 彼はこの後3年の夏くらいから、ギャンブルにハマり始め、授業もサボりがちになる。卒業後も、そのだらしなさから仕事は長続きせず、職を転々とする。

여 그는 이 이후 3학년 여름부터 도박에 빠져 수업도 자주 거르게 된다. 졸업 후도 그 한심한 태도로 일은 오래 하지 못하고 직장을 전전한다.

 수염을 깎다. 그리고 여고생을 줍다.

女 私は家を出てから、ここまで、いろんな男の人の家を渡り歩いてきました。

여 저는 집을 나온 이후 여기까지 여러 남자 집을 전전했어요.

 삼천 엔의 사용법

男 40男が短期アルバイト渡り歩いてると、人間的にヤバそうって警戒するんでしょうね。

남 마흔이나 된 남자가 단기 아르바이트를 전전하고 있으면, 인간적으로 불안해 보여서 경계하겠죠.

어휘

友達んとこ=友達のとこ　職 직업, 직장　短期　警戒 경계

unit 114

居候する 얹혀살다
住み込み 더부살이, 입주

居候는 남의 집에 얹혀사는 거나 얹혀사는 사람을 의미해서 '얹혀살다'는 居候する라고 한다. 직원이나 제자가 고용주나 스승의 집 또는 일터에서 사는 것은 住み込み라고 하는데, 상황에 따라 '더부살이', '입주' 등의 의미가 된다. 住み込みバイト는 '입주 아르바이트', 住み込みの仕事는 '숙소 제공 일자리'란 뜻이다.

📺 콩트가 시작된다

女 うららさん、いつまで家に居候する気なの？

여 우라라 씨는 언제까지 우리 집에 얹혀살 생각인 거야?

📺 딸바보 청춘백서

女 あいつに家バレてるんで、しばらく居候させてください。

여 그 녀석한테 집을 들켜서 한동안 얹혀살게 해주세요.

📺 나만이 17세인 세상에서

女 今は矢櫻神社で住み込みで働いてるの。

여 지금은 야자쿠라 신사에서 더부살이로 일하고 있어.

📺 실연 밥

女 お城みたいな豪邸に住んでて、住み込みのお手伝いさんもいたらしいよ。

여 성 같은 대저택에 살면서, 입주 가사 도우미도 있었대.

어휘

ばれる 들키다　神社 신사　城 성　豪邸 호화 저택　お手伝いさん 가정부, 가사 도우미

144

賃貸 임대, 셋집, 월세   借家 셋집, 셋방
持ち家 자기 소유의 집, 자가

賃貸는 '임대'란 뜻이지만, 賃貸マンション이나 賃貸アパート를 줄여서 賃貸라고 부를 때는 '셋집', '월세'란 뜻이 된다. 한국에서 '임대 아파트'는 '공공 임대 아파트'를 떠올리지만, 일본에서는 '자가'가 아니면 모두 賃貸라고 한다. 借家도 '셋집'이나 '셋방'을 의미한다. 반대로 자기 소유의 집은 持ち家라고 한다. 우리나라의 '타워팰리스'처럼 고급 고층 아파트를 タワーマンション이라고 하며, 줄여서 タワマン이라고 부른다.

📺 **도쿄 남자 도감**

女 駅から遠い３LDKの賃貸で、幸せな結婚生活を送ってます。

여 역에서 먼 쓰리룸 월세에서 행복한 결혼 생활을 보내고 있습니다.

📺 **퍼스트 러브 하츠코이**

女 やめてもらわなきゃ、今頃、借家暮らしですよ。

여 (그림) 그만두지 않았으면, 지금쯤 셋방살이하고 있었을 거예요.

📺 **코타츠가 없는 집**

男 出来た奥さんと息子がいて、ローンを払い終わった持ち家まであるのに、どこが失敗だよ。

남 능력 있는 아내와 아들이 있고, 대출 다 갚은 집도 있는데, 어디가 실패라는 거야?

📺 **OZU ~오즈 야스지로가 그린 이야기~**

妻 早く作家だけで食べられるようになるといいね。

夫 おお、おお、任せとけ。タワマンの最上階、買ってやる。

아내 어서 작가만으로도 먹고살 수 있으면 좋겠네.

남편 응, 맡겨둬. 고급 고층 아파트의 최상층 사줄게.

어휘

払い終わる   最上階

引き払う 퇴거하다, 방을 빼다 越す 이사하다
荷造り 짐을 쌈

살던 집에서 짐을 모두 빼고 떠나는 것을 引き払う라고 한다. 상황에 따라 '퇴거하다', '방을 빼다', '처분하다' 등의 의미가 된다. 家/部屋/マンション/アパートを引き払う처럼 쓴다. '이사하다'는 보통 引っ越す만 많이 아는데, 越す도 같은 의미로 쓴다. 짐을 싸는 것은 荷造り라고 한다.

📺 그랑 메종 도쿄

男1 お前、何でアパート引き払ったんだよ。

男2 もう東京にはいれないと思ったし。

남1 너 왜 방을 뺄 거야?

남2 이제 도쿄에는 있을 수 없다고 생각해서.

📺 ANIMALS-애니멀즈-

姉 でも私が無職になったら、この部屋引き払わなくちゃいけなくなっちゃうし。

妹 実家から高校通えるし。

언니 하지만 내가 무직이 되면 이 방 빼지 않으면 안 되잖아.

동생 본가에서 고등학교 통학할 수 있어.

📺 언령장

女 おはようございます！新しく１号室に越してきた城崎雪乃です！

여 안녕하세요! 새로 1호실에 이사 온 시로사키 유키노예요!

📺 고양이

男 うわっ！すごいことになってるね。

女 引っ越し前だからさ。

男 よし。一緒に荷造りしよう。

남 우와! 엄청 어수선하네.

여 이사하기 전이니까.

남 자, 함께 짐 싸자.

어휘

無職 実家 通う １号室

間取り 방의 배치, 집의 구조　床暖房 바닥 난방
隙間風 외풍　段差 단차

2LDK, 3LDK 등의 방의 배치와 개수, 집의 구조를 間取り라고 한다. 間는 방이나 공간을 뜻하고, 取り 는 '취하다'란 뜻이어서 間取り는 '공간의 배치'를 의미한다. 온돌 등의 바닥 난방은 床暖房라고 하고, 문틈이나 창문 틈을 통해 찬바람이 들어오는 것은 '빈틈'이란 뜻의 隙間를 이용해서 隙間風라고 한다. 바닥의 높낮이가 다른 것을 段差(단차)라고 하는데, 段差、気を付けて(단차 조심해.)처럼 사용한다.

📺 언령장

男　間取りも日当たりもいいですし、ここは
　　お値打ちかと。

남 집의 구조도 좋고 해도 잘 들고, 이곳은 가격 대비 좋습니다.

📺 도쿄 타라레바 아가씨

男　こちらのリビングは床暖房になっており
　　ます。

女　え〜 憧れの床暖！

남 이곳 거실은 바닥 난방으로 되어 있습니다.

여 오~ 꿈꾸던 바닥 난방!

📺 유루캠프 △ 2기

女　(くしゃみ) ウウッ… ハアハア… なぜだ…
　　窓閉めても、隙間風がひでえな、ここ。

여 (재채기) 으으… 하아… 왜지? 창문을 닫아도 외풍이 심하네, 여기.

🎬 사랑은 비가 갠 뒤처럼

女　段差あるから気をつけてね。

여 단차 있으니까 조심해.

어휘

日当たり 볕이 드는 정도　お値打ち 가격 이상의 가치가 있음　憧れ

見学 구경, 참관, 견학
けんがく

内見 (거주할 집이나 방을) 구경
ないけん

우리는 기업이나 박물관 등에 단체로 견학을 갈 때 '견학'이란 말을 주로 쓰지만, 일본에서는 단체가 아닌 개인인 경우에도 학원/학교/부활동/어린이집/요양원 등에 등록하기 전, 미리 수업이나 시설을 구경하거나, 일하는 모습이나 회사를 구경하는 것을 見学라고 한다. 그리고 부동산 등을 통해 거주할 집이나 방을 구경하는 것은 内見이라고 한다.

유리아 선생님의 붉은 실

女 あっ、明日、バレエの見学、行こうと思ってるんだ。

여 아, 내일 발레 (수업/학원) 구경하러 가려고.

마이 세컨드 아오하루

男 よかったら、今度遊びに来る？まだ駆け出しの小さな設計事務所だけどね。

女 行きたいです。ぜひ見学させてください。

남 괜찮으면 다음에 놀러 올래? 아직 얼마 안 된 조그만 설계사무소이지만.

여 가보고 싶어요. 꼭 구경하게 해주세요.

러브 레시피

女 ああ、じゃなくて… 彼と部屋の内見、行かなきゃいけないんだよね。うち、そろそろ契約切れるから、なんか、一緒に住もうとか言われちゃって。

여 아, 그게 아니라 남자친구랑 방 구경하러 가야 해서. 지금 사는 곳이 곧 계약이 끝나는데, 같이 살자고 하네.

블랭킷 캣

女 今、不動産屋さんから電話があって、内見したい人がいるって。

여 방금 부동산에서 전화가 왔는데, 집 구경하고 싶은 사람이 있대.

어휘

駆け出し 갓 시작함   設計事務所   契約が切れる   不動産屋 부동산 중개업자

148

자연스러운 문장이 되도록 어울리는 표현을 골라서 적절한 형태로 만들어 넣으세요.

居座る　長居する　転々とする　居候する　賃貸　引き払う　間取り
見学　住み込み

1. 卒業も近いし、アパートは ＿＿＿＿＿＿＿＿＿＿＿＿ つもりで
す。

2. ここでしばらく ＿＿＿＿＿＿＿＿＿＿＿ させてもらえません
か？ ＿＿＿＿＿＿＿＿＿＿＿ のバイトみたいな感じで。

3. この家、子供を育てること考えたら、あんまりいい ＿＿＿＿＿＿
＿＿＿＿＿＿＿ じゃないのよね。

4. 何か ＿＿＿＿＿＿＿＿＿＿＿ しちゃって、すいません。帰りま
すね。

5. 動物は好きなんだけど、ずっと ＿＿＿＿＿＿＿＿＿＿＿ でペッ
トＯＫじゃなかった。

6. もし、よかったら、授業を ＿＿＿＿＿＿＿＿＿＿＿ させてもら
えませんか？

7. そこに ＿＿＿＿＿＿＿＿＿＿＿ と、仕事の邪魔なんだけど。

8. 家を追い出されて、友達の家とかネットカフェとか ＿＿＿＿＿＿
＿＿＿＿＿＿＿＿。

unit 119

居留守を使う 없는 체하다　出払う 다 나가고 없다

空き巣 빈집털이

留守는 '집에 없음', '부재중'이란 뜻인데, 집에 있으면서 없는 척하는 것을 居留守라고 하고, 居留守を使う(없는 체하다)란 형태로 많이 사용한다. 出払う는 사람이 모두 나가고 없거나, 보유하고 있는 물건이 모두 외부에서 사용 중이라 없다는 뜻이다. 空き巣는 원래 '빈집'이란 뜻이지만, 空き巣狙い(빈집털이)의 줄임말로 쓰는 경우가 많다. '도둑이 들다'는 泥棒が入る인데, 空き巣が出る라고 하기도 한다.

📺 **정직 부동산**

女　永瀬先輩、松永さんがいらっしゃってます。「まだ売れてないのか」って。どうします？居留守使います？

男　いや、ちゃんと話す。

여　나가세 선배, 마츠나가 씨가 오셨어요. 아직 (집이) 안 팔렸냐고 묻네요. 어떻게 할까요? 안 계신 척할까요?

남　아니야, 제대로 이야기할게.

📺 **나의 귀여움은 곧 소비 기한!?**

男1　ごめんね、従業員、みんな出払ってて。

男2　いやいやいや。せいかつドラッグの社長さんにごあいさつできただけで、来たかいがありました！

남1　미안하네. 종업원들이 다 나가 있어서.

남2　아닙니다. 세이카츠 드럭 사장님께 인사드린 것만으로도 온 보람이 있습니다!

🎬 **심야식당**

男1　あっ、最近、空き巣が多いので、戸締まりはしっかりお願いしますね。

男2　うちなら大丈夫。ちゃーんと留守番いるから。

남1　아, 요즘 빈집털이가 많으니까 문단속 잘 해주세요.

남2　우리는 괜찮아. 집을 보는 사람이 확실히 있으니까.

어휘

従業員　戸締まり 문단속　留守番 집을 봄, 집을 보는 사람

150

unit 120

寝落ちする 무엇을 하다가 도중에 잠들다
眠気 잠기운, 잠

TV를 보거나 게임을 하다가 잠들거나, 문자를 주고받다가 잠들거나, 술 마시다가 잠들거나, 차 안에서 잠드는 등 무엇을 하다가 도중에 잠드는 것을 寝落ち라고 한다. 眠気는 '잠기운'이란 뜻으로, 자면 안 되는 상황이라 잠기운을 깨려고 한다고 할 때도 쓰고, 잠들려고 했는데 잠이 깨 버렸다고 할 때도 쓴다. 교실이나 회사에서 앉아서 졸거나 운전 중 조는 것은 居眠り라고 한다.

소란스럽게 밥

女 えっ、ごめん。寝落ちしてた。後片付けもせずに。えっ、てか、いびきうるさかった？

여 아, 미안, 잠들었었네. 뒷정리도 안 하고. 어, 그보다 코 고는 소리 시끄러웠어?

하코즈메 ~싸워라! 파출소 여자들~

女1 一瞬、落ちました。
女2 一瞬？何回も寝落ちしてたから。

여1 순간 졸았습니다.
여2 순간? 몇 번이나 졸던데.

너에게 닿기를

男 あれ、どこ行くの？
女 あっ… ちょっと、眠気覚ましに顔を洗いに。

남 어, 어디 가?
여 아, 잠 좀 깨러 세수하러.

굿모닝 콜

男 お前のせいで眠気すっ飛んだし。
女 私だって、上原君のせいで、目、覚めちゃったもん。

남 너 때문에 잠 다 깼잖아.
여 나도 우에하라 때문에 잠 깼다고.

어휘
後片付け　落ちる 잠들다　すっ飛ぶ 갑자기 사라져 없어지다

151

unit 121

寝癖(ねぐせ) 자면서 헝클어진 머리　寝言(ねごと) 잠꼬대

いびきをかく 코를 골다

寝癖(ねぐせ)는 '잠버릇'이란 뜻으로 쓰는 경우는 거의 없고, 대부분 자면서 헝클어진 머리를 의미한다. 자고 나서 머리가 헝클어지거나 눌렸을 때 寝癖がついてる라고 하는데, 정도가 심할 경우엔 寝癖がひどい, 寝癖がすごい라고 한다. 잠꼬대는 寝言(ねごと)라고 하고, 코를 고는 것은 いびき로 いびきをかく 라고 표현한다. 이를 가는 것은 歯(は)ぎしり 라고 한다.

 안녕, 아름다운 날

女 桂(けい)ちゃん、ずっと寝てたの？寝癖ついてる。

여 케이, 계속 잔 거야? 머리 헝클어졌어.

 도메스틱 그녀

女 寝癖、まだ直ってないの？
男 ああ… ぬらしてもなかなか…。
女 後ろ向いて。直すから。

여 헝클어진 머리 아직도 그대로야?
남 아… 물 묻혀도 잘 안되네.
여 뒤돌아봐. 고쳐 줄게.

 사일런트

男 フフ… 姉ちゃん、寝言よく言うよね。この間なんか、寝言で眠いって言ってたもん。

남 후훗… 누나가 잠꼬대 자주 하잖아. 요전에는 잠꼬대로 졸린다고 하던걸.

오늘은 회사 쉬겠습니다

娘 お父さん、いびき、かいてる。
母 あなただって、たまに、いびき、かくよ。

딸 아빠, 코 골고 있어.
엄마 너도 가끔 코 골아.

어휘

ぬらす 물에 적시다　後(うし)ろを向(む)く 뒤돌아보다　眠(ねむ)い

152

寝過ごす 늦잠 자다
寝過ぎる 너무 자다

寝過ごす는 '일어나야 할 시간이 지나도록 자다'란 의미이므로 '늦잠 자다'가 된다. 寝過ぎ
る는 '평소보다 더 많이 자다'란 의미이므로 '너무 자다'가 된다. 비슷한 표현으로 '늦잠 자
다'란 뜻의 寝坊する도 있다. '잠꾸러기'를 寝坊 또는 朝寝坊라고 하기도 한다.

 유루캠프

女1 2人とも起きて！もう4時過ぎてるよ！

女2 ギャッ！思いっきり寝過ごした！

여1 둘 다 일어나! 벌써 4시 지났어!

여2 꺄! 완전히 늦잠 자 버렸다!

 유루캠프

女 うっかり寝過ごして日も暮れてきたこと
だし、暗くなる前に、テントその他もろ
もろの設営を行うぞ！

여 그만 늦잠 자서 날도 저물었고, 어두
워지기 전에 텐트랑 그 외의 것들 설
치하자!

 도쿄 타라레바 아가씨

女 ヤバッ！寝過ぎた。

여 이런! 너무 잤다.

 내일, 나는 누군가의 여자친구

男 ごめん！寝過ぎちゃった。

남 미안! 너무 자버렸어.

어휘

うっかり 깜빡, 무심코   日が暮れる 날이 저물다   その他 그 밖, 기타   もろもろ 여러 가지, 모든 것
設営 설치, 준비   行う 실시하다

一睡 한잠　ぐっすり 푹, 깊이 잠든 모양
泥のように 정신없이 푹 자는 모양

一睡는 잠시 잠드는 것을 의미하는 '한잠'이란 뜻이다. 그래서 '한잠도 못 잤다'는 一睡も できなかった, '한잠도 안 자다'는 一睡もしない 또는 一睡もしてない 라고 한다. 깊이 푹 잠든 모양을 ぐっすり라고 하고, 정신없이 푹 자는 모양은 泥のように라고 한다. 중국 고서에 泥라는 벌레가 바다에서 나오면 움직이지 않는데, 여기서 유래된 표현이라고 한다.

📺 라스트 신데렐라

女1 桜。目の下、くま、できてない？

女2 昨日、一睡もできなかったんだよ。

여1 사쿠라, 눈 밑에 다크서클 생긴 거 아냐?

여2 어제 한잠도 못 잤어.

📺 사랑은 계속될 거야 어디까지나

女 大丈夫でしょうか。一睡もしてないで、このままじゃ天堂先生まで倒れちゃいそう。

여 괜찮을까요? 한잠도 안 자고, 이대로 가면 텐도 선생님까지 쓰러질 것 같아요.

📺 파견 점술사 아타루

女 ああ…久しぶりにぐっすり寝た！

여 아… 오랜만에 푹 잤다!

📺 유니콘을 타고

女 昨日、寝れた？

男 はい、ぐっすり。

여 어제 잘 잤어?

남 네, 푹 (잤어요).

📺 도쿄 타라레바 아가씨

女 えっ？もう夕方？泥のように寝てた。

여 어? 벌써 해질녘이야? 정신없이 잤네.

어휘

くま 다크서클　倒れる　夕方

熟睡 じゅくすい 잠을 푹 잠, 숙면

爆睡 ばくすい 정신없이 푹 잠

잠을 푹 잘 자는 것을 熟睡(じゅくすい)라고 하는데, 우리말의 '숙면'과 비슷하다. 그리고 누가 업어가도 모를 정도로 정신없이 푹 자는 것을 爆睡(ばくすい)라고 한다.

그게 아닌 쪽의 그녀

女 今日は泊まっていってください。大丈夫ですよ、何もしませんから。人の家じゃ、熟睡できないタイプですか？

여 오늘은 자고 가세요. 걱정 마세요, 아무 짓도 안 할 테니까. 남의 집에선 푹 못 자는 타입이세요?

세상에서 가장 어려운 사랑

女 だいぶ、お疲れのようですね。

男 ああ、ここ何日か、バタバタしてて、熟睡できてなかったからな。

여 많이 피곤하신 것 같네요.

남 응, 요 며칠 바빠서 잠을 푹 못 잤으니까.

꾸미는 사랑에는 이유가 있어

女 よく眠れましたか？

男 はい、おかげさまで泥(どろ)のように爆睡。

여 잘 주무셨어요?

남 네, 덕분에 정신없이 푹 잤죠.

코타츠가 없는 집

夫 俺も久しぶりのベッドで、全然寝られなかったわ。

妻 いびきかいて爆睡してたわよ。

남편 나도 오랜만의 침대라 전혀 못 잤어.

아내 코까지 골면서 완전 푹 자던데.

어휘

眠(ねむ)る 잠자다, 잠들다   いびきをかく 코를 골다

155

夜更かしする 늦게까지 안 자다
二度寝する 깼다가 다시 자다

夜更かし는 밤늦게까지 안 자고 깨어 있는 것을 의미해서, '늦게까지 안 자다'는 夜更かしする라고 한다. 二度寝는 깼다가 다시 자는 것을 의미하며, 동사형은 二度寝する라고 한다.

📺 하루와 아오의 도시락통

女1 なんで、いっつも制服みたいな服なんですか？

女2 そうすれば、毎朝、なに、着ていくか、悩まなくていいし。その分、夜更かししてゲームしたり、アニメ見たり、できるから！

여1 왜 항상 교복 같은 (똑같은) 옷이에요?

여2 그렇게 하면 매일 아침 뭘 입을지 고민 안 해도 되고, 그만큼 늦게까지 안 자고 게임 하거나, 애니 보거나 할 수 있으니까!

🐱 도메스틱 그녀

男 ナツオ、父さんたち寝るから、お前も夜更かしするなよ。

남 나츠오, 우린 잘 테니까 너도 너무 늦게 자지 마.

🐱 뻐꾸기 커플

兄 二度寝するなよ。

妹 大丈夫、アラームかけたから。

오빠 다시 자지 마.

동생 괜찮아. 알람 맞췄으니까.

📺 SUMMER NUDE

女 あいつとサッカーの試合、見る約束してたの。で、朝、起きたら、土砂降りの雨が降っててさ、中止だと思って、そのまま二度寝しちゃったの。

여 개랑 축구 시합 보러 가기로 약속했는데, 아침에 일어났더니 억수같이 비가 와서 중지라고 생각하고 그대로 다시 자버렸어.

어휘

制服 교복, 제복   悩む   土砂降り 비가 억수같이 쏟아짐

一晩中 밤새도록
ひとばんじゅう

夜通し 밤새도록
よどお

'해가 지고부터 해가 뜰 때까지 계속'이란 의미의 一晩中는 우리말로 '밤새도록'이란 말이다. ひと晩中라고 쓰기도 한다. '밤 동안 계속'이라는 의미의 夜通し도 역시 '밤새도록'이란 말이다.

📺 절대 그이

(야근한 여친이 아침에 상사와 함께 회사에서 나오자 상사에게 따지는 남자)

男　俺の梨衣子と一晩中、何をしてたんですか？

女　ちょっと。ていうか、一晩中、待ってたわけ？

남　나의 리이코와 밤새도록 뭐했어요?
여　좀. 그보다 밤새도록 기다린 거야?

📺 린코씨는 해보고 싶다

女　彼って、昔からすごく優しいんですよね。つらいとき、呼び出したら、わざわざ、ひと晩中、一緒にいてくれたり。

여　그는 옛날부터 엄청 다정했어요 힘들 때 불러내면 기어이 밤새도록 같이 있어 주고.

📺 나기의 휴식

男　ごめんね、昨日、夜通し、うるさかったでしょ。

남　미안. 어제 밤새도록 시끄러웠지?

📺 짐승이 될 수 없는 우리

女　この前は飲み友達の部屋で、夜通しゲームして、朝のコーヒーを飲んだ。

여　요전에는 술친구 방에서 밤새도록 게임하고 아침 커피 마셨어.

어휘

呼び出す
よ　だ

寝込む <small>ねこむ</small> 아파서 드러눕다, 몸져눕다

寝込み <small>ねこみ</small> 자고 있는 사이

寝込む는 '아파서 드러눕다'란 뜻으로, 심한 병뿐만이 아니라 감기 같은 가벼운 병에도 자주 사용한다. 명사형인 寝込み는 '자고 있을 때', '자고 있는 사이'란 뜻이니 헷갈리지 않도록 주의하자.

📺 나의 신부군

女 やっぱり薄情な人なんですね、山本さんって。風邪で寝込んでる穂香さんを置いて、福岡に出張に行くなんて。

여 역시 야마모토 씨는 인정 없는 사람이네요. 감기로 드러누운 호노카 씨를 두고 후쿠오카로 출장을 가다니.

📺 혼활 1000개 노크

男 あっ、母さんはショックで、寝込んじゃいましたけど。

남 아, 어머니는 충격으로 몸져누웠지만요.

📺 꽃보다 남자 2 리턴즈

男 てか、ホントに牧野、うちに住むのかよ。

남 그보다 정말로 마키노가 우리 집에 사는 거야?

姉 ダメだよ、寝込み襲ったりしたら。

누나 자는 사이 덮치거나 하면 안 돼.

📺 호타루의 빛 2

女 そうだ！寝込みを襲って、私のものにしちゃお！私以外の女とは結婚できない体にしてやろっと。

여 그래! 자는 사이 덮쳐서 내 걸로 만들어버리자! 나 이외의 여자와는 결혼 못 하는 몸으로 만들어줘야지.

어휘

薄情 <small>はくじょう</small> 박정함, 인정 없음　襲う <small>おそう</small> 덮치다

• 연습 문제 ⑬ •

 자연스러운 문장이 되도록 어울리는 표현을 골라서 적절한 형태로 만들어 넣으세요.

居留守　寝落ちする　寝癖　寝過ごす　一睡　爆睡　夜更かし　一晩中　寝込む

1. 昨日、部活の練習キツくて ＿＿＿＿＿＿＿＿＿＿ しちゃった。

2. ＿＿＿＿＿＿＿＿＿＿愚痴、聞かされて、明け方になって、ようやく寝れた。

3. 本当は不安で ＿＿＿＿＿＿＿＿＿＿ もできなかった。

4. 通話中に ＿＿＿＿＿＿＿＿＿＿ しまった。

5. 本当にいないのかもしれないし、＿＿＿＿＿＿＿＿＿＿ かもしれない。

6. 風邪をこじらせて、２週間ぐらい ＿＿＿＿＿＿＿＿＿＿ 。

7. 長時間の運転がこたえたのか、翌朝、＿＿＿＿＿＿＿＿＿＿ しまった。

8. じゃあ、２次会、カラオケ行きましょうよ。私、職業柄、＿＿＿＿＿＿＿＿＿＿ 大丈夫なんで。

9. 彼、毎日、＿＿＿＿＿＿＿＿＿＿ つけて仕事場来るの。

· CHAPTER 6 ·

학업·경쟁

一夜漬け 벼락치기　滑り止め 2지망, 재수 방지
猛勉強 열공　単位 학점

一夜漬け는 원래 '하룻밤 절인 절임 반찬'이란 뜻이지만, 보통 벼락치기로 준비한 일이나 공부를 의미한다. 滑り止め는 1지망 학교에 떨어질 경우를 대비해, 쉽게 합격할 만한 학교에 2지망으로 지원해서 재수를 방지하는 것을 의미한다. 猛勉強은 '맹렬히 공부함'이란 뜻이므로 '열공'이 된다. 単位는 '단위'란 뜻이지만, 학업과 관련해서는 '학점'이란 의미이다. 単位を取る(학점을 따다), 単位を落とす(학점을 못 따다), 単位が足りてる(학점을 다 따다), 単位が足りない(학점이 부족하다)처럼 사용한다.

📺 드래곤 사쿠라

父　一夜漬けで東大に行こうだなんて、ずうずうしいにも程がある。
息子　一夜漬けなんかじゃねえよ！俺たちはマジでやったんだ。

아빠 벼락치기로 도쿄대에 가려고 하다니, 뻔뻔한 것도 정도가 있지.
아들 벼락치기 같은 거 아니야! 우리는 진심으로 공부했어.

📺 11명이나 있어!

男　一男兄ちゃんは、滑り止めで受けた大学に、見事、滑りました。なので、猛勉強中です。

남 카즈오 형은 2지망으로 지원한 대학에 보기 좋게 떨어졌습니다. 그래서 열공 중입니다.

📺 민왕

女　あっ、そうだ。翔くん、就活どう？大学は、ちゃんと単位取れてる？

여 아, 맞다. 쇼, 구직활동은 어때? 대학은 학점 제대로 따고 있어?

어휘

東大　程がある 정도가 있다, 유분수다　見事 훌륭함, 보기 좋음　就活

unit 129

代打 だいだ 대타
代返 だいへん 대리출석

代打는 한국어와 마찬가지로, 원래 야구에서 다른 타자 대신 타석에 오른다는 뜻이지만, 다른 사람을 대신하여 일하거나 역할을 맡는다는 의미도 있다. 그리고 학교에서 출석을 부를 때 다른 사람이 대신 대답하는 것을 代返이라고 하는데, 우리말의 '대리 출석'에 해당한다.

📺 프라이스리스 ~있을 리 없잖아, 그런 거!~

(유흥주점에서 남자 손님과 여자 종업원의 대화)

男 また、来てもいいですか？

남 또 와도 될까요？

女 私、あの。知り合いの代打で、来てるんで。

여 저는 저기, 아는 사람 대타로 와있는 거라서요.

📺 도쿄 독신남자

男 明日のプレゼン、代打、頼めるか？

남 내일 프레젠테이션 대타로 부탁해도 될까？

📺 나기의 휴식

男 あいつ、たぶん朝まで帰んないよ。ノリで深夜のDJタイム、代打で回すことになったから。

남 그 녀석은 아마 아침까지 안 들어올 거야. 어쩌다 심야 DJ 타임을 대타로 뛰게 됐으니까.

📺 굿모닝 콜

女 分子化学の授業、私も取ってるから、休む時、代返してあげよっか？上原君、バイトで忙しいでしょ。私が代返してあげる。

여 분자 화학 수업은 나도 들으니까, 쉴 때 대리 출석해 줄까? 우에하라는 알바 하느라 바쁘잖아. 내가 대리 출석해 줄게.

어휘

知り合い　プレゼン＝プレゼンテーション　ノリ 그 자리의 분위기　深夜　授業

162

浪人する

재수하다

입시나 입사에 떨어져서 다음 시험을 준비하는 것을 浪人이라고 하고, 재수생은 浪人生라고 한다. 구체적으로 취업을 다시 준비하는 것은 就職浪人, 사법고시를 다시 준비하는 것은 司法浪人이라고 한다.

📺 코타츠가 없는 집

男 現役でそこの大学行くより、浪人してでも慶應に行く方が、将来のことを考えても、プラスになるんじゃないのか？

남 현역으로 그 대학에 가는 것보다 재수를 하더라도 게이오 대학에 가는 게, 장래를 생각해서도 더 좋은 거 아니야?

📺 넘버 MG5

男 浪人生なんだから勉強しろよ。

남 재수생이니까 공부해.

🎬 백만엔걸 스즈코

女 短大まで行かせてもらって、就職浪人して、…で、バイトしてるでしょう。だから、食費ぐらい入れとかないと、家にいづらくて。

여 전문대까지 보냈는데 취직 못 하고 알바하잖아. 그래서 식비 정도는 내지 않으면 눈치가 보여서.

📺 파견 점술사 아타루

女 毎朝、早く起きては、司法浪人の彼のために、食事を作って出かける毎日。

여 아침마다 일찍 일어나서는, 사법고시 재수 중인 남자친구를 위해 식사를 준비하고 외출하는 매일.

어휘

現役　将来　短大 단기 대학, 전문대(短期大学의 준말)　食費

unit **131**

部活 부활동, 동아리 활동
帰宅部 귀가부, 부활동에 참가하지 않는 학생

部活는 部活動의 약자로, 미술부 등의 문화부, 야구부 등의 운동부 등 교사의 지도 아래 방과 후 학교에서 하는 활동이다. 초등학교부터 대학교까지 있다. 직역하면 '부활동'이고, 우리말의 '동아리'와 비슷하다. 부활동에 들지 않은 학생은 방과 후 바로 귀가한다고 해서 帰宅部라고 한다.

😺 은수저

女 八軒君は、もう、部活、決めたの？	여 하치켄은 이제 부활동 정했어?
男1 えっ？いや、俺は特に…。	남1 어? 아니, 나는 별로 생각이…
女 この学校、部活は必須だよ。	여 이 학교는 부활동 필수야.
男1 嘘？マジ!?	남1 말도 안 돼! 정말?
男2 ちなみに文化部はない。全部、運動部。	남2 참고로 문화부는 없어. 모두 운동부.

😺 스킵과 로퍼

女1 ナオちゃん、私ね… 部活に入るの、やめようと思う。	여1 나오 고모, 나 말이야. 동아리에 안 들려고 해.
女2 あら、そうなの？	여2 어머, 그래?
女1 でも、そのかわり、生徒会に入ろうと思って！今から自治というものを経験しておかないとね。	여1 하지만 그 대신… 학생회에 들어가려고! 앞으론 '자치'란 걸 경험해둬야 하니까.

📺 안녕, 아름다운 날

男 あぁ、いいなぁ、帰宅部は楽ちんで。うちなんて練習きつくて、ヤバいぜ。	남 아, 부활동 안 하는 사람은 편해서 좋겠다. 우리는 연습 힘들어 죽겠는데.

어휘

必須 필수　嘘　文化部　運動部　生徒会 학생회　自治 자치　楽ちん 편함

unit 132

不意に 난데없이, 느닷없이　　**不意打ち** 기습

抜き打ち 불시에 행함

不意는 '불시', '돌연'이란 뜻으로, 보통 不意に의 형태로 해서 '난데없이', '느닷없이'란 뜻으로 많이 쓴다. 不意打ち는 기습이나 기습적으로 행동하는 것을 의미하는데, 특히 기습 키스에 대해 많이 쓴다. 칼을 뽑자마자 내리친다는 말의 抜き打ち는 예고 없이 불시에 행한다는 뜻으로, 불시에 행하는 시험이나 검사 등을 의미할 때가 많다.

📺 나의 누나

女 なんかさ〜もうこの人、違うかなーって思って、ちょっとずつフェードアウトコースかなーって思ってるときに、不意に後ろからギューってされちゃって、まだ… もうちょっとだけいいかな…って感じる…って、あるもんね？

여 뭐랄까, 이 사람은 아닌 것 같아서 조금씩 멀어질 코스인가 싶을 때, 느닷없이 뒤에서 꽉 끌어안아서, 아직 좀 더 함께해도 괜찮지 않을까 하고 느낄 때 있잖아?

📺 실연 쇼콜라티에

男 紗絵子さん、どんなキスが好きなんだろ？えれなはどんなふうにされるのが好き？

女 不意打ちでチュッとされて、ぽかんとしてるうちに、激しく唇、奪われちゃうのがいい。

남 사에코 씨는 어떤 키스를 좋아할까? 에레나는 어떤 식으로 하는 게 좋아?

여 기습적으로 뽀뽀를 당해서 멍해 있는 사이 격렬하게 입술을 빼앗기는 게 좋아.

📺 청춘 신데렐라

(시험 종료 시간의 교실)

男 はい、終了。後ろから集めて。次も抜き打ちでやるからな、ちゃんと勉強しとけよ。

남 자, 그만. 뒤에서부터 거둬. 다음에도 불시에 할 테니까 제대로 공부해 둬.

어휘

ぎゅっと 꽉　ちゅう 뽀뽀할 때 나는 소리　ぽかんと 멍한 모양　激しい　奪う

物知り ア는 게 많음, 박식한 사람
うんちく 깊은 지식, 아는 척하는 이야기

널리 아는 게 많거나 그런 사람을 物知り라고 한다. 보통 '아는 게 많다', '박식하다' 등 긍정적인 의미로 사용한다. うんちく는 '깊은 지식'이란 뜻이지만, 무엇의 유래나 관련 지식을 남 앞에서 말하다 보니 うんちくを語る라고 하면 '지식을 늘어놓다', '아는 척하다' 등의 의미가 된다.

 호쿠사이와 밥만 있으면

男 日本に来るときは、南京の港から持ち込まれることから、かぼちゃには「ナンキン」って別名もあるらしい。まあ、諸説あるみたいだけどな。

女 へえ〜そうなんだ。凪君って、物知りなんだね〜。

남 일본에 올 때는 난킨 항구에서 들여온 것에서 호박에는 '난킨'이라는 별칭도 있다고 해. 뭐, 여러 설이 있는 것 같지만.

여 와~ 그렇구나. 나기는 아는 게 많구나.

 스위치

男 ちなみに、中華料理店のこの回転テーブル、日本発祥らしい。まあ、そんなことは、いちいち人に話す価値のあるうんちくではないけれども。

남 참고로 중국집의 이 회전 테이블은 일본에서 생겼다고 한다. 뭐, 그런 건 일일이 남에게 말할 가치 있는 지식은 아니지만.

 아직 결혼 못하는 남자

女1 いや、もんじゃ食べながらうんちくとか、聞かされたりしたんじゃないの？

女2 あぁ〜何か言ってたけど。いいじゃない、もんじゃのうんちくぐらい。

여1 아니, 몬자야키 먹으면서 아는 척하거나 그러지 않던가?

여2 아~ 무슨 얘기했었는데. 몬자야키 지식 정도 뭐 어때.

어휘

南京 난징 港 항구 持ち込む 들여오다 別名 딴 이름 諸説 여러 설 発祥 발상

166

ぶっちぎり

큰 차로 앞섬, 독보적, 단독

ぶっちぎる는 '떼어 내다', '큰 차로 이기다' 등 여러 의미가 있는데, 명사형 ぶっちぎり는 경쟁에서 다른 사람이나 다른 것보다 큰 차로 앞서는 것을 의미해서, 우리말로 '큰 차로 앞섬', '독보적', '단독' 등이 된다.

📺 **이건 경비 처리할 수 없습니다!**

男　先月も先々月も、営業トップは、ぶっち　　│　남　지난달도, 지지난달도 영업 실적 톱
　　ぎりで山崎君！何百万も売り上げを伸ば　　│　　　은 큰 차로 야마자키야! 매출을 몇
　　す、うちのエースなわけだ！　　　　　　　│　　　백만이나 신장시킨 우리의 에이스
　　　　　　　　　　　　　　　　　　　　　　│　　　란 말이지!

📺 **장난스런 키스 ~러브 인 도쿄**

女　入江はトップのA組の中でも、ぶっちぎ　　│　여　이리에는 가장 우수한 A반에서도 독
　　りのナンバーワン。それどころか、この　　│　　　보적인 넘버원. 그뿐 아니라 저번 모
　　前の模試では全国1位。　　　　　　　　　│　　　의고사에서 전국 1등.

📺 **저, 운명의 사람입니다**

女　晴子、高校ではどうだったんですか？　　　│　여　하루코는 고등학교 때 어땠어요?
男　めちゃめちゃモテましたよ。高校の卒業　　│　남　엄청 인기 많았어요. 고등학교 졸업
　　文集で、いいお嫁さんになりそうな人ラ　　│　　　문집에서 좋은 신붓감 순위 단독 1위
　　ンキング、ぶっちぎり1位でしたから。　　│　　　였으니까요.

어휘

先々月（せんせんげつ）　拍手（はくしゅ）　模試（もし）모의고사(模擬試験의 약자)　卒業文集（そつぎょうぶんしゅう）졸업문집　嫁（よめ）며느리, 신부

167

お安いご用 식은 죽 먹기　楽勝 별거 아님, 매우 쉬움
ちょろい 쉽다, 별거 아니다, 허술하다

상대방의 의뢰나 부탁에 대해 그 정도는 아주 쉬운 일이라고 답할 때 お安いご用라고 한다. 우리말의 '식은 죽 먹기', '누워서 떡 먹기'와 비슷하다. 楽勝는 원래 쉽게 이긴다는 뜻이지만, 보통 어떤 일이 별거 아니고 아주 쉽다고 큰소리칠 때 많이 쓴다. ちょろい는 '매우 쉽다', '별거 아니다'란 뜻도 있고, 생각이나 행동이 안이하거나 허술하다는 의미로도 쓴다.

🎬 나나

女1 ごほうびをやるよ。何が欲しい？

女2 タクミのサイン！

女1 フッ… お安いご用だ。レンに頼んでやるよ。

여1 보답으로 상 줄게. 원하는 거 말해 봐.

여2 타쿠미의 사인!

여1 후훗… 식은 죽 먹기지. 렌에게 부탁할게.

📺 아빠와 딸의 7일간

(문제집을 펼쳐 보며)

女 所詮、高校生の問題、楽勝だろ。

여 어차피 고등학생 문제 별거 아니잖아.

📺 데이지 럭

女1 就活、大変そうだね。

女2 ちょろいですよ～。今、売手市場なんで。

여1 구직활동 힘들겠다.

여2 별거 아니에요~. 지금 일자리가 많아서 구직자에게 유리한 시장이니까요.

📺 단신화일

男 ちょろいねえ、桜木の奴。涙にほだされるとは…。

남 허술하네, 사쿠라기 녀석. 눈물에 넘어가다니….

어휘

ごほうび 칭찬으로 주는 상　就活　売手市場 수요가 많아 파는 쪽이 유리한 시장　奴　涙

ほだされる 정에 끌리다, 정에 이끌려 뜻대로 행동하지 못하다

瞬殺
しゅんさつ

순식간에 쓰러뜨림/당함, 순식간에 해치움, 순삭, 단칼에 거절

瞬殺는 순식간에 상대를 쓰러뜨리거나, 당하는 것을 의미하는데, 순식간에 일을 해치우거나 음식을 먹어 치운다고 할 때도 쓰고, 상대의 제안을 망설임 없이 바로 거절한다고 할 때도 쓴다.

으랏차차 스모부

女 みんな、初めての試合の時って、どんな感じだったんですか？

男1 うーん、記憶にないなあ。

男2 まあ、瞬殺だよ。

| 여 다들 첫 시합은 어떤 느낌이었어요?
| 남1 음… 기억에 없네.
| 남2 뭐, 순식간에 졌으니까.

민왕

男 財務大臣を二期も務めた俺だ。銀行の面接の１つや２つ、瞬殺で決めてやる。

| 남 재무장관을 2번이나 한 나야. 은행 면접 한두 개 정도는 순식간에 끝내주지.

격신도

男 山崎さん、ホンマ美味そうに食べるな。瞬殺…

| 남 야마자키 씨, 정말 맛있게 먹네. 순삭…

도망치는 건 부끄럽지만 도움이 된다

男1 食生活、大切だよ。そうだ、津崎君の分も明日から俺が…

男2 結構です。

男1 瞬殺だね。

| 남1 식생활은 중요해. 맞다. 츠자키 것 (도시락)도 내일부터 내가…
| 남2 괜찮습니다.
| 남1 단칼에 거절하네.

어휘

務める 임무를 맡다, 역할을 다하다   決める 매듭짓다, 결판내다   食生活   結構

勝ち目 _{승산}
ボロ負け _{완패, 참패}

주사위에 찍힌 점을 부르는 여러 명칭 중에 目가 있는데, 勝ち目는 주사위 도박에서 이길 수 있는 目란 뜻에서 '승산'을 의미한다. 勝ち目はある(승산은 있다), 勝ち目がない(승산이 없다)처럼 사용한다. 그리고 상대방에게 큰 차이로 형편없이 지는 것은 ボロ負け라고 한다.

📺 오늘은 회사 쉬겠습니다.

女 本気になった21歳のコと勝負して、勝ち目はあるのだろうか？

여 (사랑에) 진심인 21살짜리 애랑 겨뤄서 승산이 있을까?

📺 리갈 V ~전 변호사 타카나시 쇼코~

女 大体、弁護士が途中で降りたってことは、勝ち目がないってことでしょ。

여 대체로 변호사가 도중에 그만뒀다는 것은 승산이 없다는 거잖아요.

📺 SUMMER NUDE

女 で、今日は？試合、どうだったの？
男 ぼろ負け。

여 그래서 오늘은? 시합 어떻게 됐어?
남 완패.

📺 이 사랑 데워드릴까요

男 あのシュークリームができたのは、君がいたからだ。まっ、審査はボロ負けだったが。

남 그 슈크림빵을 만든 건 네가 있었기 때문이야. 뭐, 심사는 완패였지만.

어휘

勝負　大体　弁護士　途中　試合　審査 심사

자연스러운 문장이 되도록 어울리는 표현을 골라서 적절한 형태로 만들어 넣으세요.

単位　代返　浪人　帰宅部　不意に　物知り　ぶっちぎり　楽勝　瞬
殺　勝ち目

1. くあー！うめえ！今まで飲んだビールん中で _____
の１位だ。

2. _____ のない勝負はやめた方がいい。

3. 私はスポーツ未経験の運動音痴で、高校時代の部活も _____
_____ だった。

4. _____ で売り切れた幻(まぼろし)のワンピースが再販(さいはん)し
てます。

5. 大学の友達によく _____ を頼まれる。

6. 恋って、気まぐれで、_____ 来るもんでしょ。

7. _____ 落としたら、また留年だ。

8. こんなの、レシピ見れば _____ だよ。

9. _____ するなら、予備校代は払ってあげる
よ。

10. 先輩は _____ で、私の知らないことをたく
さん教えてくれる。

unit 138

引き分け 비김, 무승부
おあいこ (입장이나 상태가) 비김

스포츠 경기나 대결에서 승패가 나지 않은 채로 끝나는 무승부를 引き分け라고 한다. あいこ는 대결이 아니라, 서로 잘못하거나, 신세를 지거나 하는 등 서로의 상태가 비슷해서 비긴 거라고 할 때 쓰는 표현이다. 보통 앞에 お를 붙여 おあいこ라고 할 때가 많다.

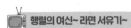
행렬의 여신~ 라면 서유기~

女 今回のことは、引き分けということで、手を打ちましょう。

여 이번 일(대결)은 비긴 걸로 마무리하죠.

올드 루키

男 絶対に勝たなければならない日本、引き分けではワールドカップ出場を逃してしまいます。

남 반드시 이기지 않으면 안 되는 일본. 무승부로는 월드컵 출전을 놓치게 됩니다.

다음 생에는 제대로 하겠습니다

男 あの人のこと、まだ引きずってるでしょ。顔見たら分かるよ。俺も若干、元カノ、引きずってるし、おあいこだね。

남 그 사람 아직 못 잊었지? 얼굴 보면 알아. 나도 조금 전 여친에게 미련이 있는데, 비겼네.

도망치는 건 부끄럽지만 도움이 된다

男 僕もリストラを黙っていたので、おあいこです。

남 저도 정리해고 당한 걸 말 안 했으니, 비긴 거예요.

어휘

手を打つ 매듭짓다, 타결하다　出場 시합에 나감　逃す　若干　引きずる 아직 생각하다　黙る

172

困ったときはお互いさま

어려울 땐 서로 도와야지

お互いさま는 양쪽 모두 같은 입장이란 말로, '피차일반', '서로 마찬가지'란 뜻이다. 그리고 도와준 것을 고마워하는 상대에게 困ったときはお互いさま나 忙しい時はお互いさま라고 답하는 경우가 종종 있는데, 이것은 '어려울 땐 서로 도와야지', '바쁠 땐 서로 도와야지'란 말이다.

📺 으랏차차 스모부

女1 大変ですね。大学のお仕事もあるのに、休日返上で。

女2 それは、お互いさまでしょ？

女1 確かに。

여1 힘드시겠어요. 대학 일도 있는데, 휴일까지 반납하고.

여2 그건 그쪽도 마찬가지잖아요?

여1 그러네요.

📺 멘탈 강한 미녀 시라카와 씨

女1 白川さ〜ん。ごめんね〜 迷惑かけて…。

女2 困ったときは、お互いさまです！この間、私も、お仕事、手伝っていただいて、ホントに助かりましたから。

여1 시라카와 씨. 미안해, 폐를 끼쳐서.

여2 어려울 때는 서로 도와야죠! 요전에 저도 일 도와주셔서 정말로 도움이 되었으니까요

📺 결혼한다는데 정말입니까

妻 ごめんね。最近、毎日、作ってもらっちゃって。

夫 フッ… 何で謝るんだよ。忙しい時は、お互いさま。俺は、メシ、作ってもらうために、結婚したわけじゃないからさ。

아내 미안. 요즘 매일 요리하게 해서.

남편 훗… 뭐가 미안해? 바쁠 때는 서로 도와야지. 난 자기한테 요리해 달라고 결혼한 거 아니니까.

어휘

休日返上 휴일 반납　迷惑　謝る

買いかぶる 과대평가하다　買いかぶり 과대평가
見くびる 얕보다, 깔보다

買いかぶる는 사람을 실제보다 더 높게 평가하다는 의미로, 즉 '과대평가하다'란 말이다. 명사형 '과대평가'는 買いかぶり라고 하고, 더 강조해서 '지나친 과대평가'는 買いかぶりすぎ라고 한다. 반대 표현 見くびる는 '깔보다', '얕보다'란 뜻이다.

📺 그녀는 예뻤다

父　俺は昔から、お前はできるやつだと思ってたけどな。

娘　私なんて、全然だめだよ。お父さんは、私のこと、買いかぶってる。

아빠　난 옛날부터 네가 뭐든 잘하는 애라고 생각했어.

딸　나 전혀 안 그래. 아빠는 날 과대평가하고 있어.

🐱 스릴과 로퍼

女　志摩君みたいな大人の余裕を持たないと。

男　買いかぶりだよ。

여　시마처럼 어른의 여유를 가져야 하는데.

남　과대평가야.

📺 아재's 러브

男　いや、買い被りすぎですよ。俺なんて、欠陥だらけですから。

남　아뇨, 너무 과대평가예요. 나도 결함투성이니까요.

📺 퍼스트 러브 하츠코이

女　見くびらないでください。こう見えて私、会社では売上１～２を争うくらい優秀なんですよ。

여　얕보지 마세요. 이래 보여도 제가 회사에서 매상 1~2위를 다툴 정도로 우수하니까요.

어휘

余裕　欠陥 결함　売上　争う 다투다, 경쟁하다　優秀

174

マウントを取る

자신이 더 우위임을 보여주다, 기선 제압하다

상대방이 제주도에 놀러 간다고 하면 자기는 하와이에 간다고 하고, 상대방이 어떤 사람에 대해 잘 안다고 하면, 자기는 어릴 때부터 친구라 훨씬 잘 안다고 하는 것처럼 자신의 형편이나 위치를 과시하며 상대방보다 자신이 더 우위에 있음을 명확히 보여주려는 행동을 マウントを取る 또는 マウンティング라고 한다. 상황에 따라 '기선 제압하다'란 의미가 되기도 한다. 結婚マウント(결혼한 사람의 우월감 과시), 何のマウント？(무슨 우월감 과시?)처럼 ～マウント의 형태로 어떤 우위를 과시하는지 구체적으로 표현하기도 한다. 원래 번식기의 수컷이 암컷 위에 올라타는 것을 영어로 mount라고 하고, 특히 원숭이는 자신의 우위성을 과시하기 위해 이 행동을 하기도 하는데, 여기서 생긴 표현이라고 한다.

🐱 최애의 아이

女 なんか、いつも仕事があるからとか芸能人ぶってさ、いちいちマウント取らねえと、気が済まないのかよ。

여 뭐, 맨날 일 있다거나 하면서 연예인 티 내고, 일일이 자기가 우위에 있다고 증명하지 않으면 직성이 안 풀리나?

📺 이 사랑 데워드릴까요

女 アップリンはもともとよくできてた。マウントをとるために、わざとダメ出ししたでしょ。

여 앗푸딩은 원래 잘 만들었어. 기선 제압하려고 일부러 지적한 거지?

📺 짝사랑 미식 일기 2

女1 昔からちょっと変わってるところあるんです。八角って。

女2 これか！あやちゃむ先生が言ってた、元カノマウント。

여1 핫카쿠는 옛날부터 별난 구석이 있어요.

여2 이거구나! 아야챠무 선생님이 말했던 전 여친의 우월감 과시.

어휘

芸能人 ダメ出し 지적 元カノ 전 여자친구

175

タイマン張る 맞짱 뜨다, 일대일로 붙다
ボコボコにする 흠씬 두들겨 패다

タイマン은 일대일 대결을 의미해서, 보통은 일대일로 싸우는 '맞짱'을 뜻하지만, 게임이나 놀이 등에서 일대일로 대결하는 경우에도 사용한다. タイマン張る라고 하면 '맞짱 뜨다', '일대일로 붙다'가 된다. ボコボコ는 원래 표면이 울퉁불퉁하거나, 움푹움푹 파인 모양을 의미하는데, 바닥이 울퉁불퉁하거나, 피부가 셀룰라이트로 우둘투둘할 경우에 쓰기도 한다. 보통은 흠씬 두들겨 패거나, 너덜너덜한 상태가 되도록 욕을 먹거나 할 때 ボコボコにする, ボコボコにされる 라고 한다.

 부적절한 것도 정도가 있어!

男1 何で助けてくれたんですか？

男2 タイマンはったらダチなんだぜ。

| |
| 남1 왜 구해준 거예요? |
| 남2 맞짱 떴으면 친구지. |

 죽고 싶은 밤에 한하여

女 なあ、あんた…「ドクターマリオ」とか
やる人？

男 えっ、そこそこはするけど…。

女 ほな、明日、ゲームボーイ持ってきて
や。うちとタイマンはろや。

| |
| 여 어이, 너… '닥터마리오' 같은 거 하는 사람? |
| 남 어, 조금 하지. |
| 여 그럼 내일 게임보이 가져와. 나랑 한판 붙자. |

 넘버 MG5

男 守田、知ってる？難破、市松のやつらに
ボコボコにされたらしい。

| |
| 남 모리타, 그거 알아? 난바가 이치마츠 녀석들한테 흠씬 두들겨 맞았대. |

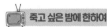 어휘

ダチ 友達의 속어 そこそこ 그럭저럭, 웬만큼 ほな '그럼'의 간사이 방언 うち 간사이 지역에서 여성이 자신을 칭하는 대명사

176

ハンデ　ハンディ

핸디캡

ハンデ 또는 ハンディ(ハンディー)는 ハンディキャップ(핸디캡)의 준말로, 기량 차이가 많이 나는 대결에서 우세한 사람에게 불리한 조건을 지우는 것을 의미하기도 하고, 남보다 불리한 조건이나 신체 장애를 의미하기도 한다. ハンディ(ハンディー)는 handy를 뜻할 때도 있는데, 그럴 경우엔 ハンディークリーナー(소형 청소기), ハンディファン(휴대용 선풍기)처럼 사용한다.

🐱 로맨틱 킬러

(볼링장에서)

男 なあ、男女対抗戦しねえ？合計点数の多いほうが勝ち。女子、人数多いし、ちょうどいいハンデだろ？

남 이봐, 남녀 대항전 하지 않을래? 합계 점수가 높은 쪽이 이기는 걸로. 여자 쪽이 수가 많으니까 딱 좋은 핸디캡이지?

📺 결혼 못하는 남자

女 そうですよ、嫌いですよ、家事なんて。それで、あなたに迷惑かけましたか？

男 家事が嫌いか… フフッ… 結婚するうえで、ハンデだろうな。

여 맞아요 집안일 하는 거 싫어해요 그래서 당신한테 폐 끼친 거 있나요?

남 집안일이 싫다… 후훗… 결혼하는 데 불리하네요.

📺 사랑입니다! ~양키 군과 흰지팡이 걸~

(장애가 있는 유키코가 일을 하려고 하자)

女 ユキコ、最後の最後に確認だけど、ハンディがあると敬遠されるっていうのは分かってるよね？

여 유키코, 마지막 확인인데, 장애가 있으면 사람들이 꺼린다는 건 알고 있지?

어휘

男女対抗戦	合計点数	迷惑	確認	敬遠 경원, 꺼림
だんじょたいこうせん	ごうけいてんすう	めいわく	かくにん	けいえん

177

unit 144

ズルする 꾀부리다, 반칙하다
ズル休み 거짓말하고 학교나 회사를 안 감

ずるい는 '약다', '약아빠지다'란 뜻인데, ずるする 라고 하면 '꾀부리다', '요령 피우다', '반칙하다'란 의미가 된다. 어떤 일을 할 때 잔꾀를 부리거나, 편법을 쓰거나, 시험/경기/취업 등에서 부정행위를 하는 것 등 여러 상황에 사용한다. 아프다고 하거나 무슨 일이 생겼다고 거짓말하고 학교나 회사를 쉬는 것을 ズル休み라고 한다.

 유토리입니다면 무슨 문제 있습니까

(교실 앞에서 선생님이)

男 よ〜し、みんな、目つぶろうか。つぶったか〜？ズルすんなよ。	남 자~ 다들 눈 감아볼까? 감았어? 꾀부리지 마.

 À Table! ~역사의 레시피를 만들어 먹다~

女1 あっ、ベートーヴェンのレシピ、ありがとうございました。	여1 아, 베토벤의 레시피 감사합니다.
女2 うん、どうだった？	여2 응, 어땠어?
女1 時代を感じました。でも、ちょっとズルして、パスタを水餃子の皮で代用しましたけど。	여1 시대를 느낄 수 있었어요. 근데 요령을 부려서 파스타를 물만두 피로 대신하긴 했지만요.
女2 それ、楽でいいかも。やってみよう。	여2 그게 편하고 좋을 수도. 해봐야지.

MIX(믹스)

男 弟は風邪なんか引いちゃいねえ。ただのズル休みだ。どっかに遊びに行ったまま、帰ってねえよ。	남 동생은 감기 같은 거 걸리지 않았어. 꾀병 부리고 학교 빠진 거야. 어디 놀러가서는 아직 안 돌아왔어.

어휘

目をつぶる 눈을 감다　水餃子 물만두　皮 껍질, 피　代用 대용　風邪

178

～だけが取り柄 ~가 유일한 장점
何の取りえもない 아무런 장점도 없다

取り柄는 '내세울 만한 장점'이란 뜻으로, 元気だけが取りえ(건강이 유일한 장점), まじめ だけが取り柄(착실한 게 유일한 장점), 一生懸命だけがとりえ(열심히 하는 게 유일한 장점) 처럼 ～だけが取り柄(~가 유일한 장점)이란 표현으로 많이 쓴다. 같은 의미로 ～が唯一の 取りえ, ～しか取り柄がない 라고도 한다. 그리고 何の取りえもない(아무런 장점도 없다) 라고 할 때도 많다.

결혼한다는데 정말입니까

男1 何でそんなに結婚したいんだよ。

男2 モテる人には分かんないんすよ、この焦りは。俺は若さだけが取り柄なんです。結婚は一日だって早いほうがいい。

남1 왜 그렇게 결혼이 하고 싶은 거야?
남2 인기 있는 사람은 이해 못해요. 이 조급함. 난 젊은 게 유일한 장점이에요. 결혼은 하루라도 빨리 하는 게 좋죠.

사랑은 계속될 거야 어디까지나

女 私なんて、仕事覚え悪いし、酒癖も悪いし、すぐ寝落ちするし、何のとりえもない。

여 난 일 배우는 것도 느리고, 술버릇도 안 좋고, 걸핏하면 졸고, 아무런 장점도 없어요.

섹시한 타나카 씨

男1 朱里ちゃん、ドタイプだったのに、マジしくった～。おい、黙ってないで何か言えや。

男2 どこがいいんだか、あんな見た目しか取りえのねえ女。

남1 아카리 씨, 완전 내 타입이었는데, 진짜 망했다. 야, 가만있지 말고 무슨 말 좀 해봐.
남2 어디가 좋다고. 그런 외모밖에 볼 게 없는 여자.

어휘

モテる 이성에게 인기 있다 焦り 초조함, 조급함 酒癖 寝落ち 잠들어버림 ど～ 아주 ~, 완전 ~
しくじる 실수하다, 그르치다, 실패하다 黙る

unit 146

ボロが出る

단점/허점/밑천이 드러나다

ぼろは '누더기', '고물'이란 뜻도 있지만, 감추고 있던 '단점, 결점'이란 뜻도 있다. 그래서 ぼろが出る는 '단점/허점/밑천이 드러나다'란 뜻이다. 실력이나 능력이 안 되는 사람이 감당할 수 없는 일을 무리해서 하면, 단점이나 허점이 드러난다고 할 때 많이 쓴다.

📺 아빠와 딸의 7일간

女1 健太先輩と小梅とのグループLINE、作ってあげたのに、もう、一回もやり取りしてないとか、ありえないんですけど！

女2 私なんか、健太先輩に認識されてないし、LINEとかしたら、ボロが出るかも…。

여1 켄타 선배랑 코우메랑 함께 그룹 채팅방 만들어 줬는데, 한 번도 말을 주고받지 않다니, 이럴 수 있는 거야!

여2 나 같은 건 켄타 선배가 신경 쓰지도 않고, 말 걸면 단점이 드러날 것 같아서….

📺 나의 가장 최악의 친구

女 いい感じのこと言おうと思えば思うほど、ぼろが出るから。

여 좋은 말 하려고 하면 할수록, 밑천이 드러나니까.

📺 연애 만화가

男 嘘ってのはな、少しの真実を入れないと、すぐ、ぼろが出るんだ。

남 거짓말이란 건 말이야. 약간의 진실을 포함시키지 않으면, 금방 허점이 드러나게 돼.

📺 결혼 상대는 추첨으로

女 背伸びすると、かえって、ぼろが出るわよ。

여 용써서 무리하면 오히려 허점이 드러날 거야.

어휘

やり取り 말을 주고받음　認識 인식　嘘　真実　背伸び 자기 실력 이상의 일을 하려고 애씀

売り 이점, 세일즈 포인트

デメリット 단점, 불이익

물건이든 사람이든 그것의 강점으로 내세울 수 있는 것을 売り라고 하는데, 상황에 따라 '세일즈 포인트', '이점', '장점' 등의 의미가 된다. 영어로 장점, 이점을 뜻하는 merit와 단점, 결점을 뜻하는 demerit도 일본에서 외래어로 많이 쓰는데, 일본어로 メリット와 デメリット라고 한다.

📺 서바이벌 웨딩

女 あそこのお弁当は、ボリュームがあって安いのが、売りなんです。

여 거기 도시락은 양이 많은데 저렴한 게 세일즈 포인트예요.

📺 슬로우 댄스

男 うちは自由な社風が売りですからね。

남 우리는 자유로운 회사 분위기가 이점이니까요.

📺 올드 루키

男1 いいですね、新町さんは。いつもポジティブで。

男2 まあ、現役の時から、それが売りだったからね。

남1 좋네요. 신마치 씨는. 항상 긍정적이어서.

남2 뭐, 현역 시절부터 그게 장점이었으니까요

🐱 그녀도 여친

女 そもそも、あなただって！二股にどんなデメリットがあるか、分かってる？女の子は常にどっちが一番かの不安を抱えるのよ！

여 애초에 너도 말이야! 양다리에 어떤 단점이 있는지 알고 있는 거야? 여자는 항상 어느 쪽이 첫 번째인지 불안해한다고!

어휘

弁当(べんとう) 社風(しゃふう) 사풍, 회사 분위기 現役(げんえき) 二股(ふたまた) 常(つね)に 抱(かか)える

연습 문제 ⑮

✏️ 자연스러운 문장이 되도록 어울리는 표현을 골라서 적절한 형태로 만들어 넣으세요.

> おあいこ　お互いさま　買いかぶる　マウント　ボコボコ　ハンデ
> ズル休み　取り柄　ボロが出る　売り

1. 学校に近いだけが ＿＿＿＿＿＿＿＿＿ のエレベーターもない
   アパートに住んでいる。

2. 私のこと ＿＿＿＿＿＿＿＿＿ すぎですよ。私一人じゃ何もで
   きないんです。

3. 私が ＿＿＿＿＿＿＿＿＿ もらってなかったら、彼が余裕で勝
   ったと思う。

4. うちはおふくろの味が ＿＿＿＿＿＿＿＿＿ なの。

5. 試合であいつに ＿＿＿＿＿＿＿＿＿ にされるかも。

6. その内容は本当だと思います。じゃないと話に ＿＿＿＿＿＿＿
   ＿＿＿＿＿。

7. お互いに気に食わないところがあるなら、＿＿＿＿＿＿＿＿＿
   じゃない。

8. 一番忙しい時期なのに、＿＿＿＿＿＿＿＿＿ されちゃ困る！

9. 私もいつも助けてもらってますから、＿＿＿＿＿＿＿＿＿ で
   すよ。

10. A：私は幼なじみだから、何年友達やってると思ってるんだ。

    B：年数 ＿＿＿＿＿＿＿＿＿ マジウザい。

· CHAPTER 7 ·

회사·일

定職に就く 일정한 직장에 나가다　日雇い 일용직
堅気 건전한 직업

아르바이트 등의 임시 일자리가 아닌 일정한 직업을 定職라고 하는데, 定職に就く라고 하면 '일정한 직장에 나가다', '제대로 된 직업이 있다'란 의미이다. 일용직은 日雇い라고 한다. 건달, 도박꾼, 유흥업 등이 아닌 건전한 직업이나, 그런 일을 하는 일반인은 堅気라고 한다.

 어이 미남!!

男　漫画家志望？何じゃそりゃ。志望は駄目。定職に就いてないやつと交際するなんて、嫌だ！

남　만화가 지망생? 뭐야 그게? 지망생은 안 돼. 제대로 된 직업도 없는 녀석과 사귀는 건 싫어!

혼인 신고서에 도장을 찍었을 분인데

女　アンタってホント、プライドないよね。25にもなって、女の家、転々として、定職にも就かないで。

여　넌 정말 자존심도 없구나. 스물다섯이나 되어서 여자 집 전전하면서 일정한 직장도 없고.

꽃보다 남자

男　とりあえず、日雇いの、工事現場、行って、食いつながないと！

남　우선 일용직 공사 현장이라도 가서 입에 풀칠이라도 해야지!

커피 어떠신지요

男　とらモンがうちの組と手を切って、堅気になって、珈琲屋になろうとしてるなんて、うわさ、ヒドい話だろ？

남　토라몬이 우리 조직과 연을 끊고, 일반인이 되어서, 커피 가게를 하려고 한다는 소문, 말도 안 되지?

어휘

漫画家　志望　交際　工事現場　食いつなぐ 겨우 끼니를 잇다　組　珈琲屋 커피 전문점

腰掛け

임시 일자리

腰を掛ける는 '걸터앉다'란 뜻인데, 길게 일할 생각 없이 임시로 몸담고 있는 일자리나 지위를 '잠시 걸터앉은 자리'란 의미에서 腰掛け라고 한다. 원래 원하던 일자리를 구하기 전까지 임시로 일하거나, 결혼하면 바로 퇴사할 생각으로 일하는 경우에 많이 쓴다.

📺 악녀 ~일하는 게 멋없다고 누가 말했어?~

女 私、オウミには３年までって決めてます。３年したらキャリアアップのために、転職したいと思っているので。

男 オウミは腰掛けってことか？

女 そんな言い方はしませんけど、今どきはみんな、転職前提で就職するのが、デフォルトじゃないですか。

여 저, 오우미에서는 3년 동안만 일하려고 마음먹고 있어요. 3년 후엔 더 좋은 자리에서 일하기 위해서 이직할 생각이에요.

남 오우미는 거쳐가는 임시 일자리란 거야?

여 그런 식으로 말하진 않지만, 요즘은 다들 이직을 전제로 취직하는 게 기본이잖아요.

📺 으랏차차 스모부

男1 案外、真面目にやってんだな、相撲部。

男2 ただの腰掛けだって。卒業のため、単位のため。

남1 의외로 진지하게 하네, 스모부.

남2 그냥 임시로 하는 거라니까. 졸업하기 위해서 학점 따려고.

📺 오! 마이 · 보스! 사랑은 별책으로

女 ねえ、結婚までの腰掛けなら、もっと楽な仕事、いくらでもあるんじゃない？この仕事ってさ、ちゃんと目標、持ってる人じゃないと、務まらないと思う。

여 이봐, 결혼하기 전까지의 임시 일자리라면, 더 편한 일 얼마든지 있잖아? 이 일은 말이야. 확실한 목표를 가진 사람이 아니면 해낼 수 없어.

어휘

キャリアアップ 더 나은 자리에서 근무　転職　前提　就職　デフォルト 초기 설정, 기본　案外
真面目　相撲部 스모부　単位　目標　務まる 수행할 수 있다

185

掛け持ちする

(일이나 활동을) 여러 개 하다, 투잡/쓰리잡 뛰다

두 가지 이상의 일이나 역할을 맡아서 하는 것을 掛け持ち라고 한다. 일이나 아르바이트를 여러 개 하거나, 동아리나 기타 활동을 여러 개 하거나, 연예인이 여러 작품이나 프로에 동시에 출연할 때도 사용한다. 상황에 따라 '투잡', '쓰리잡'이란 의미가 되기도 한다.

📺 **브러쉬 업 라이프**

女 で、それがきっかけで、音楽もきっぱりやめて、今はバイト掛け持ちしながら、家族、養ってんだって。

여 그래서 그걸 계기로 음악도 완전히 그만두고, 지금은 알바 여러 개 하면서 가족을 먹여 살리고 있대.

📺 **코타츠가 없는 집**

男 聞けば、悠作君と同い年で、家族を養うために仕事を３つも掛け持ちしてるそうだ。

남 듣자 하니 유사쿠와 동갑에, 가족을 부양하려고 일을 3개나 한다는 것 같아.

📺 **서바이벌 웨딩**

女 ユリちゃん、このおじさんには気を付けなよ。この人はね、モテたくて、女のコの多い文学部に入って、ラグビー部とイベントサークル、掛け持ちしてた男だよ。

여 유리 씨, 이 아저씨는 조심하는 게 좋아. 이 사람은 말이야. 인기 얻고 싶어서 여자애들 많은 문예부에 들고, 럭비부랑 이벤트 서클까지 여러 개 하던 남자야.

📺 **마이 세컨드 아오하루**

女 ゼミの課題あるのに、コンペ掛け持ちして、大丈夫なの？

여 세미나 과제도 있는데, 공모전을 여러 개 해도 괜찮은 거야?

어휘

きっかけ 계기　きっぱり 태도가 명확한 모습　養う 부양하다　課題

片手間
かた て ま

대충, 짬 내서, 짬 날 때, 틈틈이

手間는 무엇을 하는데 드는 노력이나 시간을 의미하는데, 片手間는 그것의 반쪽이니까 큰 힘을 들이지 않고 하는 것을 의미한다. 음식 준비를 하며 TV를 볼 때처럼 큰 수고를 들이지 않고 두 가지 일을 동시에 한다는 의미로도 쓰고, 일하는 도중에 짬 내서 친구에게 전화를 걸 때처럼 '잠깐 짬 내서 무엇을 하다'란 의미로도 쓴다. 그리고 본업은 따로 있는데 '짬이 날 때 틈틈이 부업으로' 하는 일이라고 할 때도 쓴다. 상황에 따라 '(수고를 들이지 않고) 대충', '짬 내서', '짬 날 때' '틈틈이' 등 여러 의미가 된다. 우리말의 '부업'과 같은 글자인 副業도 있고, '본업'은 本業라고 한다.

📺 보잘것없는 우리의 연애론

女 っていうか、人がこんな真剣に悩んでんのに、なに片手間で聞いてんの!?
男 俺も真剣にやってんだけど、宿題。

여 그보다 사람이 이렇게 진지하게 고민하고 있는데, 뭘 딴짓하며 대충 듣는 거야!?
남 나도 진지하게 하고 있거든, 숙제.

📺 정직 부동산 2

男 そもそも、マンション投資なんて、サラリーマンが片手間に手を出すもんじゃないんです。

남 애초에 아파트 투자 같은 건, 직장인이 짬 내서 할 수 있는 일이 아니에요.

📺 유니콘을 타고

男 大学の単位はオンライン授業で片手間でとれるんでフルで働けます。

남 대학교 학점은 온라인 수업으로 틈틈이 딸 수 있어서 풀타임으로 일할 수 있습니다.

어휘

真剣 진지, 진심　悩む　宿題　投資　単位　授業

手に職をつける 기술을 익히다
手に職がある 기술을 지니고 있다

미용사, 요리사, 간호사, IT 관련 등 기술이 필요한 직업의 전문 기술을 익히거나 자격을 따는 것을 手に職をつける 라고 한다. 手に職がある 또는 手に職を持っている 라고 하면 먹고 살 수 있는 기술을 지니고 있다는 뜻이다. 기술이나 자격을 습득해서 그걸 활용해서 일하는 것을 짧게 手に職라고 하기도 한다.

📺 연애 만화가

男 レンもな、食べたい物を食べて、住みたい家に住んで、欲しいものを買って、見たいものを見たいなら、手に職をつけて、働け。

남 렌도 말이야. 먹고 싶은 것 먹고, 살고 싶은 곳에 살고, 갖고 싶은 것 사고, 보고 싶은 것 보고 싶으면, 기술을 익혀서 일해.

📺 SHUT UP

女 ってか、すごいね。映像編集。
男 あぁいや、そんな大したあれじゃないよ。趣味みたいなもんだし。
女 えっ、でも手に職があるってことじゃん。それって、みんなができることじゃないよ。

여 그보다 대단하네. 영상 편집.
남 아, 아니, 그렇게 대단한 거 아니야. 취미 같은 거야.
여 음, 그래도 기술을 가지고 있다는 거잖아. 그거 누구나 할 수 있는 것도 아니고.

📺 파견 점술사 아타루

女 私はね、なんか、こう… 手に職を持って、一つの道を究める職人に憧れたんだけどね。

여 나는 말이야, 뭐랄까 음… 기술을 가지고 한 분야를 갈고닦는 장인을 동경했었어.

어휘

映像編集　趣味　究める 깊이 연구하다　職人 장인　憧れる 동경하다

188

unit 153

手当て <small>て あ</small> 치료, 처치, 수당 　残業手当 <small>ざんぎょう て あて</small> 잔업/야근 수당
失業手当 <small>しつぎょう て あて</small> 실업 수당

手当て는 '(응급) 치료', '처치'라는 뜻도 있지만, 残業手当(잔업/야근 수당), 特別手当(특별 수당), 失業手当(실업 수당)처럼 '수당'이란 의미로도 많이 쓴다. '수당'이란 뜻일 때는 手当て, 手当 둘 다 쓰지만, '치료', '처치'란 의미일 때는 대부분 手当て라고 쓴다.

📺 **부적절한 것도 정도가 있어!**

女 うち来る？ちゃんと手当てしないと。大丈夫。今日、親父いないから。行こう。

여 우리 집 갈래? 제대로 치료해야지. 괜찮아. 오늘 아빠 없으니까. 가자.

📺 **다음 생에는 제대로 하겠습니다**

女 まあ、もう、こんな時間だもんね。残業手当ても出ないし、やっぱ、きついよね、この仕事。

여 뭐, 벌써 시간이 이렇게 됐네. 잔업 수당도 안 나오고, 역시 이 일은 빡세네.

📺 **누나의 연인**

女 うちの会社、いい会社だからさ、危険な中、仕事してくれて、ありがとうっていって、5万円、特別手当くれたんだよ。

여 우리 회사 좋은 회사여서, 위험한 환경에서 일해줘서 고맙다며, 5만 엔 특별 수당 줬어.

📺 **짐승이 될 수 없는 우리**

女 まだ半年も働いてないでしょ。今、辞めても、失業手当はもらえない。次の仕事も決まってなくて、明日からどうする？

여 아직 반년도 일하지 않았잖아. 지금 그만둬도 실업 수당은 받을 수 없어. 다음 일자리도 구하지 않았는데, 내일부터 어쩔 셈이야?

어휘

親父 <small>おやじ</small> 아버지의 속어　危険 <small>き けん</small>

手取り 실수령액
てど

天引き (급료나 대출금에서) 공제
てんび

월급이나 연봉에서 세금, 보험료, 연금 등을 모두 제하고, 손에 들어오는 실수령액을 手取り
라고 한다. '월급'을 뜻하는 단어로 月給가 있는데, 여기에 야근 등의 추가 수당까지 포함한
금액은 月収라고 한다. 하지만 흔히 월급을 말할 때 가장 많이 쓰는 단어는 給料이고, 그래
서 월급날도 給料日라고 한다. '연봉'도 年俸란 단어가 있지만, 보통 年収를 훨씬 더 많이
쓴다. 급료를 지급하거나 돈을 빌려줄 때 세금, 보험료, 이자 등을 공제하는 것을 天引き라
고 한다. 天에는 '시초'란 뜻이 있어서, 天引き는 애초에 공제한다는 의미를 가지고 있다.

📺 **삼천 엔의 사용법**

姉 美帆は？ちゃんと将来のために貯金して
る？

妹 えっ？ああ… まあね。まあ、これでも同
世代の中じゃ、そこそこお給料、もらっ
てる方だし。

姉 へぇ〜 どれくらい？

妹 手取りで、25万くらい。

언니 미호는? 장래를 위해 저축 잘하
고 있어?

동생 어? 아… 그렇지 뭐. 뭐, 이래도 또
래 중에서는 그럭저럭 월급을 받
는 편이어서.

언니 그래? 얼마 정도?

동생 실수령액 25만 엔 정도.

🐱 **최애의 아이**

女 ねえ、アイドルって、月給100万くらい
稼ぐものじゃないの？

男 んなわけないだろ。歌唱印税も、テレビ
出演料も、メンバーと山分け。ライブは
物販が売れなきゃ、余裕で赤字。そして
衣装代は天引き。

여 저기, 아이돌은 월급 100만 엔 정도
버는 거 아니야?

남 그럴 리가 없잖아. 노래 인세도, TV
출연료도 멤버와 똑같이 나누고, 라
이브는 굿즈가 팔리지 않으면 바로
적자야. 그리고 의상비는 월급에서
공제되고.

어휘

貯金 同世代 稼ぐ 歌唱 가창, 노래 印税 物販 상품 판매 衣装代
ちょきん どうせだい かせ かしょう いんぜい ぶっぱん いしょうだい

190

コネ 백, 연줄　コネ入社^{にゅうしゃ} 백으로 취업, 낙하산

ツテ 인맥, 연줄

コネ는 영어 コネクション(connection)의 준말로 '백'이나 '연줄'을 의미한다. 부모 등의 연줄로 취업하는 것을 コネ入社^{にゅうしゃ}라고 한다. '인맥', '연줄'을 의미하는 ツテ도 인맥을 이용해서 정보를 알아보거나, 도움을 받는다고 할 때 쓴다. 쉽게 구분하면 コネ는 '백'으로 부정적인 뉘앙스를 띠고, ツテ는 '인맥'으로 부정적인 느낌은 없다.

📺 서바이벌 웨딩

男 僕… コネ入社なんです。父が川村製薬^{かわむら}の社外取締役^{しゃがいとりしまりやく}で、僕はそのコネで、宣究社^{せんきゅうしゃ}に入社したんです。

남 저… 낙하산이에요. 아버지가 카와무라 제약의 사외 이사여서, 저는 그 백으로 센큐사에 입사했어요.

📺 처음 사랑을 한 날에 읽는 이야기

女 すごい熱なんです。

男 知り合いの先生んとこ行って、点滴^{てんてき}、打ってもらおう。

息子 病院なんか、もうやってねえよ。

男 息子の一大事に、コネ使って何が悪いんだよ。

여 열이 심해요.
남 아는 선생님한테 가서 링거라도 맞자.
아들 병원 이 시간에 안 해.
남 아들의 중대사에 연줄 좀 이용하는 게 어때서.

📺 아톰의 도전

女 井手^{いで}さん、担当してる会社に、ゲーム会社もあるから、ツテありますよね？

여 이데 씨가 담당하는 회사 중에 게임 회사도 있으니까, 인맥 좀 있죠?

어휘

製薬^{せいやく} 제약　社外取締役^{しゃがいとりしまりやく} 사외 이사　点滴を打つ^{てんてき う} 링거를 맞다　一大事^{いちだいじ} 일대사, 중대사

出世払い　성공하고 빛을 갚음
しゅっ せ ばら

出世頭　가장 출세한 사람
しゅっ せ がしら

성공한 후에 빛을 갚는 것을 出世払い라고 한다. 형편이 안 되는 사람에게 한턱내거나, 무
しゅっ せ ばら
엇을 사주거나, 도움을 주고 난 후 농담처럼 다음에 성공하면 갚으라고 할 때도 쓰고, 반대
로 얻어먹거나, 돈을 빌리거나, 도움을 받을 때 나중에 성공하면 갚겠다고 할 때도 쓴다. 동
료 중 가장 출세한 사람이나 가장 빨리 출세한 사람을 出世頭라고 하는데, 여기서 頭는 '가
しゅっ せ がしら　　　　　　　　　　　がしら
장 ~한 사람'이란 뜻이다.

📺 내 이야기는 길어

男1　肉まん、ごちそうさまでした。

男2　おう！出世払いでいいよ～ん。

남1　고기 찐빵 잘 먹었어요.

남2　그래! 성공하면 갚아.

📺 데이지력

女　お礼に、ランチごちそうするね。はい、
　　好きなの選んで。

男　えっ、いいよ、そんなの。

女　いいの、学生なんだから、遠慮しない
　　　　　　　　　　　　えんりょ
　　の。はい。

男　ありがとう。出世払いで返すね。

여　보답으로 점심 쏠게. 자, 좋아하는
　　거 골라.

남　됐어. 그런 거.

여　괜찮아. 학생은 사양 안 하는 거야.
　　자.

남　고마워. 성공하면 갚을게.

📺 나기의 휴식

女　私も慎二の外側だけ見てた。営業部のエ
　　　　しんじ　　そとがわ
　　ースで、出世頭で、みんな大好きな我聞
　　　　　　　　　　　　　　　　　　がもん
　　慎二君。
　　しんじ

여　나도 신지의 외면만 봤어. 영업부
　　에이스에 가장 출세하고, 모두가 좋
　　아하는 가몬 신지.

어휘

肉まん 고기 찐빵　　遠慮 사양, 겸손　　外側 외면　　営業部
にく　　　　　　　　えんりょ　　　　　　　そとがわ　　　　　えいぎょうぶ

売れる 잘나가다　売れない (일적으로) 인기 없는
売れっ子 잘나가는 사람

売れる는 '잘 팔리다'란 뜻도 있지만, 일적으로 '잘나가다'란 뜻도 있다. 부정형 売れない는 잘나가지 않는 거니까 '인기 없는'이란 의미가 된다. 売れない作家, 売れない芸人, 売れない俳優처럼 쓴다. 일적으로 잘나가는 사람을 売れっ子라고 하는데, 그냥 이대로 쓰기도 하고, 売れっ子漫画家, 売れっ子アイドル, 売れっ子ユーチューバー처럼 뒤에 직업을 붙여서 쓰기도 한다.

📺 **코타츠가 없는 집**

| 男 漫画家ってモテるの？ | 남 만화가는 인기 있어? |
| 女 売れてる人はね。 | 여 잘나가는 사람은. |

📺 **메리미!**

| 男 っていうか父親は？何してる人なの？ | 남 그보다 아버지는 뭐 하는 분이야? |
| 男の子 売れない小説家。 | 남아 인기 없는 소설가. |

📺 **콩트가 시작된다**

| 男 俺も春斗も両親、説得するのに、約束したんだよ。10年やっても売れなかったら、きっぱり、やめるって。 | 남 나도, 하루토도, 부모님을 설득하기 위해 약속을 했어. 10년 해도 뜨지 못하면, 깨끗이 그만두기로. |

📺 **사랑 없는 연인들**

| 男 あっ、検索したら、5年前、ドラマの新人賞、取ったって、書いてあったけど、えっ、今や売れっ子脚本家とか？ | 남 아, 검색하니까 5년 전 드라마 신인상 받았다고 적혀 있던데, 지금은 잘나가는 각본가라도 된 거야? |

어휘

芸人 코미디언　漫画家　小説家　説得　きっぱり 단호하게　検索　新人賞　脚本家

潮時
しおどき

관둘 때, 그만둘 시기, 끝낼 때

潮時는 원래 조수가 들고 나는 시각을 말하지만, 보통 무엇을 시작하거나 끝내기에 적당한
しおどき
시기라는 의미로 사용한다. 예를 들어 장사가 잘 안되어서 가게를 접으려고 하거나, 아무
리 해도 인정받지 못해서 다른 길을 가려고 할 때도 쓰고, 사귀던 사람과 헤어지려고 할 때
도 쓴다.

 부적절한 것도 정도가 있어!

男1 この店、あと何年ぐらいやるつもり？	남1 이 가게 앞으로 몇 년 정도 할 참이야?
男2 5年がいいとこじゃない？	남2 5년 정도가 좋지 않을까?
男1 何でよ。	남1 왜?
男2 潮時だよ。客減ってるし。	남2 관둘 때지. 손님도 줄고.

 아직도 결혼 못하는 남자

女 あっ、バイト辞める。	여 아, 알바 그만둘 거야.
男 せっかく楽しそうなバイトなのに。	남 모처럼 재밌는 알바 같더니.
女 どうせ、私の年だと、メイドやるのも潮時だったのよ。	여 어차피 내 나이면, 메이드 카페에서 일하는 거 그만둘 시기야.
男 厳しい世界だな。	남 냉혹한 세계구나.

📺 **연애 니트 ~ 잊어버리고 있었던 사랑을 시작하는 방법**

男1 彼女いくつ？	남1 여자친구 몇 살이야?
男2 同い年なんですけどね。「仕事辞めて家庭に入りたい」とか言い出して。僕、結婚とか全然考えてないし、ここら辺が潮時かなって。	남2 동갑인데 "일 그만두고 살림하고 싶다."란 말을 꺼내더라고요. 전 결혼 같은 거 전혀 생각 없는데, 이쯤이 끝낼 때인가 싶네요.

어휘

減る　メイド 하녀 = メード　家庭に入る 결혼하고 전업주부가 되다　ここら辺 이쯤
へ　　　　　　　　　　　　か てい　はい　　　　　　　　　　　　　　　　へん

자연스러운 문장이 되도록 어울리는 표현을 골라서 적절한 형태로 만들어 넣으세요.

> 定職　腰掛け　掛け持ち　片手間　手に職　手取り　コネ　売れっ子
> 潮時

1. 女一人で生きていくためには ＿＿＿＿＿＿＿＿＿＿＿ つけなくちゃいけない。

2. これは ＿＿＿＿＿＿＿＿＿ でできるような甘い仕事じゃない。

3. 上京して何をやっても芽が出ないし、もう ＿＿＿＿＿＿＿＿＿＿ かも。

4. 彼女、ちょくちょくテレビに出てるし、＿＿＿＿＿＿＿＿＿＿ の小説家らしいよ。

5. あのレベルの企業は、うちの大学じゃ、＿＿＿＿＿＿＿＿＿＿ でもない限り、無理なんだから。

6. 昔は、女は ＿＿＿＿＿＿＿＿＿＿ だって言われて、責任ある仕事は任せてもらえなかったの。

7. 息子が ＿＿＿＿＿＿＿＿＿＿ にも就かず、フラフラ遊んでて、心配です。

8. バイトをいくつも ＿＿＿＿＿＿＿＿＿＿ しながら、ギリギリで生活してます。

9. ＿＿＿＿＿＿＿＿＿＿ 20万円の私のお給料では、ランチに1,500円もかけた事なんてない。

脱サラ 직장생활을 그만둠　起業する 창업하다
転機 (인생의) 전환기

脱サラ는 脱サラリーマン(탈 월급쟁이)의 약자로, 직장생활을 그만두고 창업이나 귀농 등 월급쟁이가 아닌 다른 생활을 하는 것을 의미한다. '창업'이란 한자인 創業는 회사 설립이나 사업의 첫 시작에 초점을 둔 단어로, 創業者(창업자), 創業メンバー(창립 멤버), 創業以来(창립 이래), 創業30年(창업한 지 30년)처럼 주로 과거의 일에 대해 쓰고, 현재나 미래에 가게나 회사를 창업하는 것은 起業する 라고 한다. 기존에 하던 것과 완전 다른 일을 하게 되거나, 유학/이민 등 새로운 환경에서 살게 되는 것 등 인생에서 큰 전환의 시기는 転機라고 한다.

📺 사랑 없는 연인들

男 いや、でも、すごいですね。その若さで、ブックカフェやってるなんて。

女 思い切って、脱サラして始めたけど、簡単に売り上げは伸びないし、ローンもきつくて。

남 아니, 하지만 대단하네요. 그 나이에 북카페를 운영하시고.

여 과감하게 직장생활 관두고 시작했지만, 매상은 쉽게 안 오르고, 대출금 상환도 빠듯해요.

📺 언럭키 걸!

男 俺、ゆくゆくは起業したくて。だから色々勉強してるんです。

남 저 언젠가는 창업이 하고 싶어서, 그래서 여러 가지 공부하고 있어요.

📺 삼천 엔의 사용법

女 自分でもこんなふうに、人生の転機が来るなんて、予想もしてなかった。人生、何が起きるか分かんないね。

여 스스로도 이렇게 인생의 전환기가 올 줄은 예상도 못 했어. 인생에서 무슨 일이 생길지 알 수가 없네.

어휘

思い切って 과감하게, 큰맘 먹고　ローン 대출, 대출금　ゆくゆく 장래, 언젠가

unit 160

出番 (でばん)	나갈/등장할/나설 차례	**早番** (はやばん)	일찍 근무하는 당번
遅番 (おそばん)	늦게 근무하는 당번		

'나갈 차례'란 뜻의 出番(でばん)은 '무대에 설 차례', '(일 해결에) 나설 차례', '(어떤 음식을) 먹을 차례', '출연/등장/공연/연주할 기회나 분량' 등 여러 의미로 사용된다. 그리고 교대 근무제에서 일찍 근무하는 당번은 早番(はやばん), 늦게 근무하는 당번은 遅番(おそばん)이라고 한다. 비슷해 보이는 早出(はやで)와 遅出(おそで)는 집에서 나서는 시간에 초점을 둬서 '일찍 출근함', '늦게 출근함'이란 뜻이다.

 섹시한 타나카 씨

女 サリちゃん、もうすぐ出番よ！急げる？	여 사리 씨, 곧 나갈 차례야! 서둘러 줄래?

 장인어른이라고 부르게 해줘

女 ていうか、こういうときこそ、彼氏の出番でしょ。	여 그보다 이럴 때야말로 남자친구가 나설 차례잖아요?

 꾸미는 사랑에는 이유가 있어

女1 ねえ、明日、仕事何時に終わる？	여1 저기 내일 일 몇 시에 마쳐?
女2 明日は早番なので、4時に終わりますけど。	여2 내일은 일찍 근무해서 4시에 마치긴 해요.

 사랑입니다! ~양키 군과 흰지팡이 걸~

女 あの、獅子王(ししお)さん…。この後、ごはんとかって…。	여 저기, 시시오 씨, 이거 후에 식사라도….
男 すいません、今日はこれから遅番で。店に行かないといけなくて。	남 죄송해요. 오늘은 늦게 근무하는 차례라, 이제 가게에 가야 해서요.

ダブる 겹치다, 중복되다, 유급하다, 낙제하다
メモる 메모하다

ダブる는 영어 double(더블)를 동사화한 단어로, '같은 물건/내용/일 등이 겹치거나 중복되다', '비슷한 점이 겹치다', '경치/사람/물건 등이 겹쳐 보이다'란 의미도 있고, 낙제해서 같은 학년의 수업을 다시 듣는다는 의미에서 '유급하다', '낙제하다'란 뜻도 있다. メモ る도 영어 memo를 동사화한 단어로, '메모하다'란 뜻이다.

 가정부 미타

女 あのさ、今日、お宅に行って、ごはん作ろうと思うんだけど、昨日、何食べた？ほら、ダブっちゃマズいからさ。

여 저기 오늘 너희 집에 가서 요리하려고 하는데, 어제 뭐 먹었어? 겹치면 안 되니까.

칭찬하는 사람 칭찬받는 사람

男 さっきもらった資料なんだけど、同じ項目がいくつかだぶってるみたいで、悪いけど…。

남 아까 받은 자료 말인데. 같은 항목이 몇 개 중복되는 것 같아서, 미안하지만…

도쿄 타라레바 아가씨

女1 恋愛はいくつになってもできるけど、出産にはタイムリミットがあるからね。
女2 竹内さん… 今のメモってもいいですか？セリフに使わせてください。

여1 연애는 몇 살이 되어도 할 수 있지만, 출산은 시간 제한이 있으니까.
여2 다케우치 씨… 지금 한 말 메모해도 될까요? 대사로 쓰게 해주세요.

셰프는 명탐정

女 高築さん、電話番号メモってください。

여 타카츠키 씨, 전화번호 메모해주세요.

어휘

お宅 상대방 집의 높임말   資料   項目

198

フォローする

보조하다, 도와주다, 기대에 부응하는 말을 해주다

フォロー는 영어 follow와 마찬가지로 인스타를 '팔로우하다'라고 할 때도 쓰지만, 누군가의 일적으로 부족한 부분을 '서포트하고 도와주다'란 의미도 있고, '상대방의 기대에 부응하는 말을 해주다'란 의미도 있다. 예를 들면, 걱정되는 얘기를 했는데, 상대방이 위안이 되는 긍정적인 말을 해주지 않고, 오히려 그럴지도 모르겠다며 부정적인 반응을 보이는 경우, 위로가 되는 말 좀 하라고 하거나, 위안이 되는 말 안 해주느냐고 되물을 때 사용한다.

📺 파견 점술사 아타루

女1 あの、私にも、何かできる事ありませんか？

女2 アタルちゃんは、神田さんのフォローしてあげてくれる？

여1 저기, 저도 할 수 있는 일이 없을까요?

여2 아타루 씨는 칸다 씨 일을 도와줄래?

📺 가정부 미타

男 でも、俺の言うことなんか、聞いてくれるかな？お義父さん。

女 大丈夫、私も一緒にいて、フォローするから。

남 근데 아버님이 내가 하는 말을 들어줄까?

여 괜찮아요 저도 옆에서 도울 테니까요

📺 피넛 버터 샌드위치

妹 私たち、結ばれない運命なのかなぁ。

姉 そうかもね…。

妹 もう！ちょっとはフォローしてよ！妹が悩んでるんだから！

동생 나 맺어지지 않을 운명인 건가.

언니 그럴지도….

동생 좀, 위로되는 말을 하라고! 동생이 고민하고 있으니까!

어휘

お義父さん 장인어른, 시아버지   結ばれる 맺어지다   運命   妹   悩む

こき使う 마구 부려먹다, 혹사시키다
こき使われる 혹사당하다

사람이나 동물 또는 기계를 사정없이 부려먹거나 혹사시키는 것을 こき使う라고 한다. 모두 한자로 쓰면 扱き使う인데, 扱く가 벼에 무리하게 힘을 줘서 쌀을 떨어내는 것을 의미해서, '혹사시키다'란 뜻이 되었다. 능동태 こき使う는 '마구 부려먹다', '혹사시키다', 수동태 こき使われる는 '혹사당하다'가 된다.

📺 침입자들의 만찬

女 え～ 何かムカつくね。うちらのことは安い賃金でこき使ってさ、自分は脱税までして、優雅に暮らしてんでしょ？

여 아~ 왠지 열받네. 우리는 싼 임금으로 부려먹으면서, 자기는 탈세까지 해서 우아하게 생활하고 있잖아.

📺 프로미스 신데렐라

男 帰ってきたばっかの孫、こき使うなっての。

남 이제 막 돌아온 손자를 너무 부려먹지 말라고.

📺 데이지 럭

女 結婚してから急に出張が増えたし、週末もね、仕事でつぶしちゃうんだよ。結婚したばっかりの社員をさ、そんな、こき使う会社ある？

여 결혼하고 갑자기 출장도 늘었고, 주말에는 일로 다 보내버려. 이제 막 결혼한 사원을 그렇게 혹사시키는 회사가 있어?

📺 오! 마이 · 보스! 사랑은 별책으로

女 いっつも編集長にこき使われて、もう何度も「辞めてやる」って思ってました。

여 맨날 편집장님한테 혹사당해서, 몇 번이나 '그만두겠어' 하고 생각했었습니다.

어휘

賃金(ちんぎん) 脱税(だつぜい) 優雅(ゆうが) 우아함, 고상함 孫(まご) つぶす 다 쓰다 編集長(へんしゅうちょう)

unit 164

働きづめ
はたら

쉬지 않고 계속 일만 함

詰める는 '잔뜩 채워 넣다'란 뜻으로, 동사의 연용형 뒤에 詰め가 붙어서 '계속 ~만 함'이
란 의미로 만든다. 그래서 쉬지 않고 계속 일만 하는 것을 働きづめ라고 한다. 휴식 시간
없이 계속 일하거나, 휴가나 여가 생활 없이 계속 일만 하는 경우에 쓴다.

 연애 니트 ~ 잊어버리고 있었던 사랑을 시작하는 방법

男　本当に、あなたもよく食べますね。	남　정말 잘 드시네요.
女1　１日、働きづめだったんで。	여1　종일 쉬지 않고 일했거든요.
女2　日曜日も仕事なんて、大変ね。	여2　일요일에도 일하다니 힘들겠다.

 아리무라 카스미의 촬휴

男　今日は休みましょう。もう、ずっと働き 　　づめなんですから。	남　오늘은 쉬도록 하죠. 계속 쉬지 않고 　　일만 하시잖아요.

 프라이스리스 ~있을 리 없잖아, 그런 게!~

男　両親は働きづめでしたけど、お金も無 　　く、家族はいつもおなかをすかせていま 　　した。	남　부모님은 쉬지 않고 일하셨지만, 돈 　　도 없고, 가족들은 항상 굶주렸어요.

솔직하지 못해서

女　お兄ちゃんね、日本に来てから、ずっと 　　働きづめで、恋人もできなかったんです 　　よ。	여　오빠는 말이죠. 일본에 와서는 계속 　　일만 하고, 애인도 못 사귀었어요.

어휘

おなかを空かす 배를 곯다, 굶주리다
す

201

一息つく　一息入れる

ひといき　　　　　　い

한숨 돌리다, 하던 일을 마무리하다

一息는 '한 번의 숨', '단숨'이란 뜻으로, 一息つく는 '한숨 돌리다', '하던 일을 (어느 선까지)
마무리하다'란 뜻이다. 같은 의미로 一息入れる도 있다.

📺 서른까지는, 이라며 시끄럽게 굴어서

女1　どう、仕事は順調？

女2　大きなブライダルイベント終わって、
　　　一息ついたところ。

여1 어때? 일은 잘되고 있어?

여2 큰 웨딩 페어가 끝나서 한숨 돌린
　　참이야.

은수저

女　お疲れさま！やっと一息つけたね。お
　　茶、どうぞ！

여 수고했어! 겨우 한숨 돌렸네. 차 한
　　잔 마셔!

📺 망각의 사치코

男　ひと息ついたら、ごはんでも行きません
　　か？

女　すみません。食事は済ませました。

남 지금 하는 거 끝나면 식사라도 하러
　　가지 않을래요?

여 미안해요. 식사는 했어요.

📺 저, 정시에 퇴근합니다

女　一息、入れたら？適度に休憩、取るのも大
　　事だよ。

여 한숨 돌리고 하지? 적당한 휴식을
　　갖는 것도 중요해.

어휘

順調 순조로움　　食事を済ます 식사를 마치다　　適度 적당한 정도　　休憩を取る 휴식을 취하다
じゅんちょう　　　しょくじ　す　　　　　　　　　　　てきど　　　　　　　きゅうけい　と

unit 166

息抜き

잠시 쉼, 한숨 돌림, 휴식

긴장을 풀고 기분 전환을 위해 잠시 쉬는 것을 息抜き라고 한다. 일이나 공부 중간에 차 한 잔하거나 수다를 떨며 잠시 쉬는 것, 일이나 공부에만 계속 몰두하다가 기분 전환 겸 야외로 놀러 가거나 술 한잔하는 것, 살림만 하거나 집에만 있던 사람이 모처럼 친구들을 만나 근사한 외식을 하는 것 모두 息抜き라고 할 수 있다.

📺 결혼한다는데 정말입니까

女 あっ、ごめんね、大沢君。急に呼び出して。

男 全然、大丈夫です。ちょうど息抜きしたかったんで。

여 아, 미안, 오오사와 씨. 갑자기 불러 내서.

남 아뇨, 괜찮습니다. 마침 쉬고 싶었거든요.

📺 요즘 젊은 것들은

男 あんまり根詰め過ぎんなよ。たまには息抜きも必要だ。

남 너무 무리하지 마. 가끔은 휴식도 필요해.

📺 이 첫사랑은 픽션입니다

男 今日、楽しかったね。

女 うん、ずっと部活と塾ばっかりだったから、息抜きになって楽しかった。

남 오늘 재밌었지?

여 응, 줄곧 부활동이랑 학원만 다녀 가지고, 한숨 돌릴 수 있어서 좋았어.

🎬 461개의 도시락

女 今度の土曜日か日曜日に、みんなで、パッと息抜きで、遊びに行きません？

여 이번 토요일이나 일요일에, 기분 전환하게 다 같이 놀러 안 갈래?

어휘

根を詰める 어떤 일을 매우 집중해서 하다　塾 학원　パッと 확

203

風に当たる 바람 쐬다
頭を冷やす 머리를 식히다

신선한 공기를 마시려고 바깥에 잠시 나가거나 딴 곳을 거닐거나 하는 것을 일본에서는 風に当たる(바람을 맞다)라고 표현하는데, 우리말로는 '바람 쐬다'가 된다. 夜風に当たる(밤바람을 쐬다), 海風に当たる(바닷바람을 맞다)처럼 쓰기도 한다. 그리고 흥분을 가라앉히고 냉정을 찾기 위해 머리를 식히는 것을 우리말과 마찬가지로 頭を冷やす(머리를 식히다)라고 한다.

 결혼 예정일

男　少し風に当たりに行きませんか？酔いも　│ 남　잠깐 바람 쐬러 가지 않을래요? 술
　　さめるかと。　　　　　　　　　　　　　│ 　　도 깰 겸요.

 나기의 휴식

女　ちょっと風にあたってきます。　　　　　│ 여　잠깐 바람 쐬고 올게요.

 어이 미남!!

女　ちょっと、頭冷やしてくるわ。一杯、飲　│ 여　머리 좀 식히고 올게. 한잔하고 올
　　んでくる。　　　　　　　　　　　　　　│ 　　거야.

🖥 **오늘은 회사 쉬겠습니다**

男　俺達さ…しばらく会うのやめない？頭冷　│ 남　우리… 잠시 만나지 말자. 머리 식
　　やしていろいろ考えたいから。　　　　　│ 　　히면서 생각 좀 하고 싶어.

어휘

酔いをさめる 술을 깨다

204

手が空く 일이 없다, 바쁘지 않다, 시간이 나다
手すき 틈이 남

手が空く는 하던 일이 일단락되고 짬이 생긴다는 말로, 상황에 따라 '일이 없다', '바쁘지 않다', '시간이 나다' 등이 된다. '일 없으면'은 手が空いてるなら, 手が空いていたら, 手が空いたなら 등으로 말할 수 있다. 비슷한 표현으로 '틈이 남'이란 뜻의 手すき도 있다. 주로 お手すき의 형태로 해서 おてすきの時(틈날 때), お手すきになったら(틈나면)처럼 사용한다.

📺 셰프는 명탐정

女 なんですか、大事な相談って？

男 ああごめん、手が空いたらでいいんだけど。

女 今、手、空いてますけど。

여 중요하게 상의할 게 있다는 게 뭐예요?

남 아, 미안. 일 없을 때 해도 괜찮아.

여 지금 일 없어요.

📺 행렬의 여신~ 라면 서유기~

女 でも、ねぇ、他の皆さんは、別の仕事をしていて、手が空いているのは私だけです。私が行くしかありませんよね。

여 하지만 다른 사람은 모두 따로 하는 일이 있고, 일 없는 사람은 저뿐이에요. 제가 갈 수밖에 없잖아요.

📺 하코즈메 ~싸워라! 파출소 여자들~

男 ってか、聖子ちゃん、手が空いてんだったら手伝って。

남 그보다 세이코 씨, 딴 일 없으면 도와줘.

📺 사랑할 수 없는 두 사람

男 これ、お手すきの時に、ご記入願います。

남 이거, 틈날 때 작성 좀 해주세요.

어휘

相談 　記入 　願う 바라다, 부탁하다

仕事の合間 일하는 사이, 일하는 틈틈이
合間を縫う 짬을 내다, 틈을 내다

合間는 '틈, 짬, 사이'란 뜻으로, 仕事の合間는 '일하는 사이/틈틈이/짬짬이'를 의미한다. 仕事の合間におやつを食べる(일하는 사이에 간식을 먹다), 仕事の合間に抜け出す(일하는 사이에 빠져나오다), 仕事の合間に本を読む(일하는 틈틈이 책을 읽다)처럼 쓴다. 무엇을 하는 중에 '짬을(틈을) 내다'는 '누비고 나아가다'란 뜻의 縫う를 써서, 合間を縫う 라고 한다.

📺 **집필 불가! 각본가 케이스케 씨의 각본 없는 인생**

男 僕は仕事の合間に脚本を書き、シナリオコンクールに応募し続けたけど、落選ばかり。

남 나는 일하는 틈틈이 각본을 써서, 시나리오 공모전에 계속 응모했지만, 모두 떨어졌다.

📺 **섹시한 타나카 씨**

女 笙野さんって、海外旅行が、お好きなんですね。ちょっと意外です。

男 いや、今は行かないですよ。大学の時だけ。授業の合間にバイトして、お金、稼いで。

여 쇼노 씨, 해외여행 좋아하시는군요. 좀 의외예요.

남 아뇨, 지금은 안 가요. 대학 때만요. 수업 짬짬이 알바해서 돈 벌어서요.

📺 **수수하지만 굉장해! 교열걸 코노 에츠코**

男 暇じゃねえわ。忙しい合間、縫って来たんだよ。

남 한가하지 않아. 바쁜 와중에 짬 내서 온 거야.

📺 **세일즈맨 칸타로의 달콤한 비밀**

男 これは、もし、うまくいけば、書店回りの合間を縫って行ける。

남 이거 혹시 잘하면 서점 돌 때 짬 내서 갈 수 있겠다.

어휘

脚本　応募　落選 낙선, 떨어짐　稼ぐ　書店回り

· 연습 문제 ⑰ ·

✏️ 자연스러운 문장이 되도록 어울리는 표현을 골라서 적절한 형태로 만들어 넣으세요.

> 起業する　早番　メモる　フォローする　こき使う　働きづめ　一息
> つく　息抜き　頭冷やす　手が空く　合間

1. ＿＿＿＿＿＿＿＿＿＿＿＿ にシッター利用する専業主婦も結構いる
   らしい。

2. ＿＿＿＿＿＿＿＿＿＿＿＿ ので、もし手伝えることがあれば、言っ
   てください。

3. 商社マンとして連日ロボットみたいに ＿＿＿＿＿＿＿＿＿＿＿ だ
   った。

4. この会社は ＿＿＿＿＿＿＿＿＿＿＿ 間もないけど、将来有望だよ。

5. 忘れないように ＿＿＿＿＿＿＿＿＿＿＿ おいた。

6. ＿＿＿＿＿＿＿＿＿＿＿ 冷静に考えてみて。

7. 今まで低賃金で散々 ＿＿＿＿＿＿＿＿＿＿＿ きた。

8. 彼は仕事の ＿＿＿＿＿＿＿＿＿＿＿ に、時々、顔を見せてくれ
   た。

9. 明日は ＿＿＿＿＿＿＿＿＿＿＿ で6時には、店、上がれます。

10. コインランドリーで洗濯を待っている間に、ほっと ＿＿＿＿＿＿
    ＿＿＿＿＿＿ 場所があったらいいね。

11. ミスは誰にでもあるんだから、ちゃんと ＿＿＿＿＿＿＿＿＿＿＿
    あげて。

· CHAPTER 8 ·

외모·옷

一張羅 いっちょうら 제일 좋은 옷　　普段着 ふだんぎ 평상복
私服 しふく 사복　　部屋着 へやぎ 집에서 입는 옷

가지고 있는 옷 중에 가장 좋은 옷을 一張羅라고 한다. 데이트나 행사 참석 등을 위해 차려 입은 옷이 아닌 평소에 입는 '평상복'은 普段着라고 하고, 학교나 회사에서 입는 교복, 양복, 제복 등이 아닌 '사복'은 私服라고 한다. 추리닝 등의 집에서 편하게 입는 옷은 部屋着라고 한다.

🎬 히비키

男	何考えてんだ、その格好。	남	뭔 생각이야, 그 차림?
女1	一張羅で来いって言ったら、この格好で…。	여	제일 좋은 옷을 입고 오라고 했더니, 이 차림으로….
女2	かわいいでしょ、リカにもらったの。	여2	예쁘죠? 리카한테서 받았어요.

📺 리갈 하이

| 女1 | 何か、芸能人みたい！ | 여 | 뭔가 연예인 같아! |
| 女2 | そんなことないよ。普段着だよ。 | 여2 | 아니야. 평소 입는 옷이야. |

📺 Eye Love You

| 男 | スーツがシワシワです。 | 남 | 정장이 쭈글쭈글해요 |
| 女 | あっ、私服で大丈夫です。うちの会社、服装、自由なので。 | 여 | 아, 사복도 괜찮아요. 우리 회사 복장 자유라서. |

📺 혼인 신고서에 도장을 찍었을 뿐인데

| 女 | 部屋着は、かわいさよりも、着心地重視。 | 여 | 집에서 입는 옷은 예쁜 것보다 편한 걸로. |

어휘

格好 かっこう　芸能人 げいのうじん　シワシワ 쭈글쭈글한 모양　服装 ふくそう　着心地 きごこち 착용감　重視 じゅうし 중요시 함

着こなす 옷을 어울리게 입다, 옷을 잘 소화하다
着こなし 옷을 맵시 있게 입는 것

着こなす는 '옷을 자신에게 어울리도록 잘 입다'란 의미로, 다른 말로는 '옷을 잘 소화하다' 도 된다. 가능형 着こなせる의 형태로 많이 쓴다. 명사형 着こなし는 옷을 자신에게 어울리고 맵시 있게 잘 입은 것을 의미한다.

📺 연하 남자친구

男 俺、これ着こなせてるかな？

女 ばっちりだよ！すごい似合ってる。

남 나 이거 어울리게 잘 입은 것 같아?

여 완벽해! 아주 잘 어울려.

📺 굿모닝 콜

女 こんな、かれんなドレス、着こなせるの、菜緒ちゃんしかいないと思うんだよね。

여 이렇게 러블리한 드레스를 잘 소화할 수 있는 건 나오밖에 없어.

📺 우리 딸은, 남자친구가 생기지 않아!!

女 俊一郎さん、前から言おう言おうと思ってたけど…。その着物の下にパーカ着るの、めっちゃカッコいい。そんな着こなし、できるの、世界で俊一郎さんだけ。

여 슌이치로 씨, 전부터 말해야지, 말해야지 했었는데, 그 기모노 안에 후드 티 입는 거 완전 멋져요. 그렇게 맵시 나게 입을 수 있는 사람은 세상에서 슌이치로 씨뿐이에요.

📺 당신이 해주지 않더라도

女1 楓さん、どう？着こなし大丈夫かな？

女2 はい。やっぱ似合いますね、お母さん。

여1 카에데 씨, 어때? 어울리게 입은 것 같아?

여2 네, 역시 잘 어울려요, 어머니.

어휘

ばっちり 빈틈없이 훌륭하거나 완벽한 모습 似合う かれん 가련함, 사랑스러움 着物 パーカ 후드 티

着飾る
きかざ
옷을 차려입다, 치장하다, 꾸미다

羽織る
はお
걸쳐 입다

飾る가 '꾸미다', '장식하다'란 뜻이어서, 着飾る는 '신경 써서 옷을 차려입고 치장하다'란 뜻이다. 드라마 제목 '꾸미는 사랑에는 이유가 있어'의 원제목도 着飾る恋には理由があって이다. 기모노 위에 가볍게 걸쳐 입는 겉옷을 羽織라고 하는데, 여기서 생긴 羽織る란 동사형은 '걸쳐 입다', '걸치다'란 뜻이다.

📺 꽃보다 남자

娘 パーティって言っても、ジーンズOKなカジュアルなのらしいし。もう、そんくらいで、これ以上、食費削る必要はないって！

母 そうはいかないわよ。いつどこで王子様に、見初められるかわからないのが、英徳の良いとこなんだから。塩なめてでも、着飾って行かなきゃ。

딸 파티라고 해도 청바지도 되는 캐주얼한 거니까, 그런 걸로 이 이상 식비 줄일 필요 없다니까!

엄마 그럴 순 없지. 언제 어디서 왕자님 눈에 들지 모르는 게 에이토쿠(고교)의 장점인데, 소금이랑 밥 먹더라도 차려입고 가야지.

📺 꾸미는 사랑에는 이유가 있어

男 公園に散歩に行くだけなんだから、着飾ることないじゃん。

女 でも外は外だからね、ちゃんとしないと。

남 공원에 산책 가는 것뿐이니까, 치장 안 해도 되잖아.

여 그래도 밖은 밖이니까, 제대로 해야지.

📺 아내, 초등학생이 되다

男 風邪ひくから、これ、羽織ったほうが。

남 감기 걸리니까, 이거 걸치는 게 좋아.

어휘

ジーンズ　食費　削る 깎다, 삭감하다　見初める 첫눈에 반하다　塩　なめる 핥다　散歩　風邪

211

unit 173

美肌 <small>び はだ</small> 아름다운 피부, 꿀피부   色白 <small>いろじろ</small> 살갗이 힘, 흰 피부

肌荒れ <small>はだ あ</small> 피부가 거칠어짐

'아름다운 피부'를 美肌라고 하는데, 美肌にいい, 美肌に効く, 美肌効果がある 라고 하면, '피부 미용에 좋다', '피부 미용에 효과가 있다'란 뜻이다. 色白는 살갗이 흰 것을 의미해서, 피부가 흰 사람을 얘기할 때 자주 쓴다. 荒れる는 '거칠어지다'란 뜻으로, 피부가 거칠어지는 것을 肌荒れ라고 한다. 모공은 毛穴라고 한다.

멘탈 강한 미녀 시라카와 씨

| 女 美肌の秘けつは、そのスムージーですか？ | 여 꿀피부의 비결은 그 스무디인가요? |

부장님과 회사 노예의 사랑은 안타까워

| 男 シトラスとニンジンのスムージー。疲労回復と美肌効果がある。 | 남 감귤과 당근이 들어간 스무디는 피로 회복과 피부 미용에 효과가 있어. |

집을 파는 여자

| 女 あなた、こういう、色白のアイドル顔、好きでしょ？ | 여 너 이렇게 흰 피부의 아이돌 얼굴 좋아하지? |

하나씨의 간단요리

| 女 徹夜でDVD見て、肌荒れしたら、ゴロさんのせいだ。 | 여 밤새 DVD 보고 피부 거칠어지면, 고로 씨 탓이야. |

어휘

秘訣 <small>ひけつ</small> 비결   疲労回復 <small>ひろうかいふく</small>   徹夜 <small>てつや</small>

212

やつれる

수척해지다, 해쓱하다, 야위다, 초췌해지다

병, 근심, 고생 따위로 얼굴이나 몸이 수척해지는 것을 やつれる라고 한다. 상황에 따라 '수척해지다', '해쓱하다', '야위다', '초췌해지다' 등 여러 의미가 된다. やつれてない？(야위지 않았어?), やつれた顔(かお)(수척해진 얼굴)처럼 사용한다.

📺 내일, 나는 누군가의 여자친구 시즌 2

女 お久しぶりですね。前に、お会いしたと きより、やつれてませんか？

男 最近、あんまり眠れてなくて…。

여 오랜만이네요. 전에 뵀을 때보다 수 척해지지 않았나요?

남 요즘 별로 잠을 못 자서….

📺 실연 쇼콜라티에

女 爽太(そうた)君、やつれたね。

男 何か、食欲、なくてさ。

여 소타, 야위었네.

남 왠지 식욕이 없어서.

📺 하코즈메 ~싸워라! 파출소 여자들~

女 牧(まき)ちゃんは、何でそんな、やつれた顔し てるの？

여 마키 씨는 왜 그렇게 해쓱한 얼굴을 하고 있어?

📺 혼인 신고서에 도장을 찍었을 뿐인데

男 お前、大丈夫？えっ、何か、すっげえや つれた顔してるけど。

남 너 괜찮아? 왠지 엄청 초췌한 얼굴 하고 있는데.

어휘

眠(ねむ)る 잠들다　食欲(しょくよく)

厚化粧 _{あつげしょう} 짙은 화장　　すっぴん 맨얼굴, 쌩얼

素顔 _{すがお} 민낯, 참모습　　クマ 다크서클

'화장'을 뜻하는 化粧(けしょう) 앞에 '두텁다'란 뜻의 厚(あつ)い가 붙은 厚化粧(あつげしょう)는 '짙은 화장'을 의미한다. すっぴん은 화장 안 한 '맨얼굴'이다. 素顔(すがお)도 '맨얼굴', '민낯'이란 의미로 쓰지만, 원래의 '참모습', '본모습'이란 의미도 있다. 다크서클은 クマ라고 한다.

📺 버저 비트: 벼랑 끝의 히어로

女 今日は長時間厚化粧でいき苦しかったから取っちゃった。あ、してたほうがよかった？

男 ううん、そんな顔が一番好き。

여 오늘은 장시간 짙은 화장 하고 있어서 답답해서 지워버렸어. 아, 하고 있는 게 좋았나?

남 아니, 그런 얼굴이 제일 좋아.

📺 멘탈 강한 미녀 시라카와 씨

女 私、メーク、下手なんですよね〜。うちの彼がね、お前は若いんだし、すっぴんのほうが、かわいいとか言ってくれるし。

여 전 화장이 서툴러요. 남자친구가 "넌 어려서 쌩얼이 예뻐."라고 말해주기도 하고요.

📺 나기의 휴식

男 私が言いたいのは、新しいあんたと、素顔のガモちゃんなら、新しい向き合い方があるのかな…。

남 내가 말하고 싶은 건, 새로워진 너와 본모습의 가모라면, 새롭게 서로를 대할 수 있지 않을까 해서.

📺 집필 불가! 각본가 케이스케 씨의 각본 없는 인생

男 東海林さん、目の下、クマ、すごいですよ。

남 쇼지 씨, 눈 아래 다크서클 심해요.

어휘

長時間(ちょうじかん)　息苦(いきぐる)しい 숨막히다, 답답하다　向(む)き合(あ)う 마주 대하다

214

unit 176

おめかしする 예쁘게 꾸미다, 멋을 부리다, 한껏 모양을 내다
若作(わかづく)り 젊게 보이려고 차려입고 꾸밈

'멋을 부리다'란 뜻의 동사 めかす의 명사형 めかし에 お를 붙인 おめかし는 한껏 모양을 내고 멋을 부린 모습을 의미한다. 주로 おめかしする의 형태로 '멋을 부리다', '한껏 모양을 내다'란 의미로 많이 쓴다. 같은 의미이지만 좀 더 강조한 표현으로 めかし込む도 있다. 나이 든 사람이 나이보다 젊게 보이려고 차려입고 꾸민 것은 若作(わかづく)り 라고 한다.

 내일, 나는 누군가의 여자친구 시즌 2

女 そんなおめかしして、どこ行くんだい？ | 여 그렇게 예쁘게 꾸미고 어디 가니?

 그녀는 예뻤다

女 この前は、ごめんなさい。 | 여 저번엔 미안해요.
男 そうだよ、せっかくおめかししたのに。 | 남 그니까요. 모처럼 멋을 부렸는데.

 네가 마음에 자리 잡았다

男 今日はやけに、めかしこんでるな。 | 남 오늘은 유난히 멋을 부렸네.
女 べっ、別にいつもと同じです。 | 여 뭐, 평소랑 같아요.

 라스트 신데렐라

女 ずいぶん、思い切って、若作りしたもんね。 | 여 꽤나 과감하게 젊게 차려입었네.

 스미카 스미레

女 何？その格好。随分、若作りしちゃって。 | 여 뭐야 그 차림은? 어려 보이려고 애썼네.

어휘

やけに 유난히　思(おも)い切(き)って 과감히, 마음껏　随分(ずいぶん) 꽤, 몹시

• 연습 문제 ⑱ •

✏️ 자연스러운 문장이 되도록 어울리는 표현을 골라서 적절한 형태로 만들어 넣으세요.

一張羅　着こなす　着飾る　美肌　やつれる　厚化粧　おめかし

1. 彼女はメークもほとんどしてないし、＿＿＿＿＿＿＿＿＿＿＿＿
   もいないのに、すごく奇麗だった。

2. なんか＿＿＿＿＿＿＿＿＿＿＿＿ない？ご飯ちゃんと食べてな
   いの？

3. あいつは今日、デートだって。随分と＿＿＿＿＿＿＿＿＿＿＿＿
   して出かけたよ。

4. スカーフは最近、＿＿＿＿＿＿＿＿＿＿＿ ようになりまし
   た。

5. あなた、その吹き出物、＿＿＿＿＿＿＿＿＿＿＿＿ で隠す前
   に、食生活を改めようとは思わないの？

6. 久々に＿＿＿＿＿＿＿＿＿＿＿を着てパーティーに行った。

7. トマトは＿＿＿＿＿＿＿＿＿＿＿にも効くといいますよね。

216

老けて見える 나이 들어 보이다　老け顔 노안
若返る 다시 젊어지다

老ける는 '늙다'란 뜻으로, 老けて見える는 '나이 들어 보이다', 全然老けてない는 '하나도 늙지 않았다'가 된다. '많이 늙다'는 老け込む라고 한다. '동안'은 한국어처럼 童顔이라고 하지만 '노안'은 老け顔라고 한다. 참고로 老眼은 나이 들어 시력이 나빠진 것을 의미한다. 若返る는 '다시 젊어지다'란 뜻인데, 외모가 더 젊어지거나, 마음이 더 젊게 느껴질 때 쓴다.

📺 어이 미남!!

女　うわっ、ショウ君。ずいぶん、老けたわね。

여 우와, 쇼도 많이 늙었구나.

📺 섹시한 타나카 씨

女　それから、厚塗りは老けて見えるので、私はファンデーションは使いません。

여 그리고 화장이 두꺼우면 나이 들어 보이니까, 전 파운데이션은 안 써요.

📺 딸바보 청춘백서

男　えっ？お父さんなの？メチャクチャ老け顔の新入生じゃなくて？

남 뭐? 아버지야? 엄청 노안의 신입생이 아니라?

📺 라스트 신데렐라

女1　うーん。どうかな？
女2　カワイイ、桜。似合ってるよ、その格好。何か、若返ったね。あっ、違うか。若返ったのは、彼のせいだね。

여1 음, 어떤 것 같아?
여2 예쁘다, 사쿠라. 그 옷 잘 어울려. 뭔가 다시 젊어졌네. 아, 아니다. 젊어진 건 남자친구 덕이지.

어휘

厚塗り 두껍게 칠함, 화장을 두껍게 함　新入生　似合う　格好

スタイルいい 몸매 좋다
ぽっちゃり 통통함

ヘアースタイル(헤어 스타일), ライフスタイル(라이프 스타일)처럼 '모양', '방식'을 뜻하는 スタイル(스타일)는 한국어와 의미가 같지만, スタイル(が)いい란 말은 패션 스타일이 좋다는 말이 아니라, 몸매가 좋다는 말이다. 뚱뚱한 사람을 놀림조로 デブ(뚱보)라고 하는데, ぽっちゃり는 귀엽게 통통한 모습을 의미해서, '통통하다'는 ぽっちゃりしてる 라고 한다.

📺 데이지 럭

女 へぇ〜 いいなぁ、薫は。美人で、スタイルよくて、仕事もできて。	여 흠~ 카오루는 좋겠다. 미인에 몸매도 좋고, 일도 잘해서.

📺 너는 나에게 빠지고 싶다

男1 立花ノア、かわいいし、スタイルいいし、期待の新人ですよね。	남1 타치바나 노아는 귀엽고 몸매도 좋고, 기대되는 신인이네요.
男2 欲しいのは、見た目じゃなく、実績な。	남2 바라는 건 외모가 아니라 실적이지.

📺 혼활 1000개 노크

女 顔も良くて、スタイルも良くて、男が切れなくて、才能もあるって、どういうこと？	여 얼굴도 예쁘고, 몸매도 좋고, 남자가 끊이질 않고, 재능도 있다니, 도대체 뭐야?

📺 집을 파는 여자

男1 それに、なぜ、うちの娘なんだ！	남1 그런데 왜 우리 딸이야?
男2 僕は、ぽっちゃりが大好きです。	남2 저는 통통한 사람을 아주 좋아합니다.

어휘

美人 期待 新人 見た目 実績 切れる 끊어지다, 다 되다 才能

ムキムキ 근육이 울끈불끈함   マッチョ 근육남, 몸짱
筋(きん)トレ 헬스   ガリガリ 삐쩍 마른 모양, 으드득 깨무는 소리

ムキムキ는 근육이 울끈불끈하다는 의미로, 근육질 몸을 얘기할 때 자주 쓴다. 남자다움을 과시한다는 뜻의 영어 macho를 일본에서는 マッチョ라고 쓰며 '근육남'을 의미한다. 筋(きん)トレ는 筋肉(きんにく)トレーニング의 줄임말로, '근력 운동'을 의미한다. ガリガリ는 딱딱한 것을 으드득 깨무는 소리도 의미하지만, 깡마른 몸을 의미하기도 한다.

🎬 남자친구는 오렌지색

男 おっ、いや〜、イケメンで仕事できて、ムキムキで、そりゃモテるっすね〜。	남 이야~ 잘생기고, 일 잘하고, 근육질에, 이건 인기 있을 수밖에 없네요.

📺 갑작스럽지만, 내일 결혼합니다

男 最近、俺、どう？変わった？	남 요즘 나 어때? 달라졌어?
女 えっ？どこが？	여 어? 어디가?
男 あれ？筋トレしてんだけどな。	남 어라? 헬스하고 있는데.
女 えっ？何？痩せたいの？	여 어? 뭐? 살 빼고 싶은 거야?
男 ううん。マッチョになりたいの。	남 아니, 몸짱이 되고 싶어.

📺 여자 구애의 밥 시즌 2

女 じゃあ、ふだんはどういうところで、ご飯、食べてるの？	여 그럼 평소엔 어떤 데서 밥 먹어요?
男 ほとんどコンビニ飯ですよ。本気で金ないときとかは、米とふりかけとか。	남 대부분 편의점 밥이요. 진짜 돈 없을 때는 밥이랑 후리카케라든가.
女 前田(まえだ)君、ガリガリだもんね〜。	여 마에다 씨, 많이 마르긴 했어요.

어휘

痩(や)せる 마르다   本気(ほんき) 진지함, 진정   ふりかけ 밥에 뿌려 먹는 조미 식품

unit 180

クセ毛 곱슬머리　天パ 천연 파마, 원래 곱슬
地毛 자기 머리, 원래 머리

'버릇'이란 뜻으로 많이 알고 있는 癖에는 '구부러지거나 주름져서 원래대로 돌아가지 않는 성질'이란 뜻도 있다. 그래서 직모(直毛)가 아닌 곱슬머리를 クセ毛라고 한다. 원래 곱슬이 어서 파마한 것처럼 보이는 머리를 天パ라고 하는데, 天然パーマ(천연 파마)를 줄인 말이다. 地毛는 가발이나 파마한 머리가 아니라, 원래 '자기 머리'란 뜻이다.

📺 나기의 휴식

| 女 私ね、本当はひどいクセ毛なの。 | 여 나 있잖아. 사실은 심한 곱슬이야. |

📺 선생님 안녕히

| 男1 お前ら、前髪、長過ぎないか？それ校則違反だろ。

男2 ていうか、先生の方がモジャモジャじゃん。そのくるくるパーマは校則違反じゃないの？

男1 天パです！ | 남1 너희들 앞머리 너무 긴 거 아니야? 그거 학칙 위반이야.
남2 그보다 선생님 머리야말로 더부룩한데, 그 곱슬곱슬한 파마는 학칙 위반 아닌가?
남1 원래 곱슬이야! |

📺 나기의 휴식

| 女 私、この頭が地毛なの。子供の頃から変な頭って、からかわれて、嫌でたまらなくて、月イチでストパかけて、毎朝1時間かけてブローして、必死にまっすぐにしてたの。 | 여 나, 이 머리가 원래 머리야. 어릴 때부터 머리 이상하다고 놀림받아서, 너무 싫어서 참을 수 없어서 한 달에 한 번씩 스트레이트파마하고, 매일 아침 한 시간씩 드라이하면서, 필사적으로 머리를 폈어. |

어휘

校則違反　モジャモジャ 더부룩한 모양　くるくる 뱅글뱅글, 빙빙　ストパ 스트레이트 파마(ストレートパーマ)의 준말　ブロー 드라이어로 머리를 정돈하는 것

220

似た者同士

서로 닮은 사람끼리, 비슷한 사람끼리

서로 닮은 구석이 있거나 성향이 비슷한 두 사람을 似た者同士라고 하는데, 처한 상황이 비슷한 두 사람에게도 쓴다. 우리말로 '서로 닮은 사람끼리', '비슷한 사람끼리'란 뜻이다. 두 사람이 비슷한 구석이 있음을 언급하거나, 비슷한 사람끼리 통하는 게 있다고 할 때 자주 쓴다.

📺 저 정시에 퇴근합니다

女 お父さんは晃太郎のこと、気に入ってる もんね。仕事人間の似た者同士で。

여 아빠는 코타로가 마음에 드는구나. 둘 다 일밖에 모르는 닮은 사람이라.

📺 청춘 신데렐라

女 長谷川も家庭環境にそれなりの問題を抱 えてて、私たちは似た者同士。言葉に出 さなくても通じ合えるものがあった。

여 하세가와도 집안 환경에 나름 문제 가 있어서, 우리는 비슷한 사람끼 리, 말하지 않아도 통하는 부분이 있었다.

🐱 MIX(믹스)

男 カップルは似た者同士より、正反対の性 格のほうが、うまくいくって言うよ。

남 커플은 비슷한 사람끼리보다 정반 대 성격이 잘된다고 하잖아.

📺 여고생의 낭비

女 お前… 超面白いのな！ハハハハッ…！う ちら、似たもの同士だぜ！

여 너… 완전 재밌구나! 하하하! 우리 서로 닮았다!

어휘

家庭環境 抱える 안다 通じ合う 서로 통하다 正反対 うちら 우리, 우리들

221

あか抜ける

촌티를 벗고 세련되다

목욕할 때 때를 미는 것을 あかすり 라고 하는데, 여기서 あか가 '때'를 의미한다. 그래서 あか抜ける를 직역하면 '때가 빠지다'가 되는데, 과거에 촌스러웠던 사람이 패션이나 화장 등 스타일을 바꿔서, 촌티를 벗고 세련되어진다는 의미다.

📺 아빠와 딸의 7일간

女1 健太先輩に早く告んなよ。誰かに取られるよ。

女2 無理、無理、無理。告白とか絶対無理！

女1 もう、大丈夫だって！小梅、メガ眉毛って、男子からいじられてた芋時代から、もう、断然、あか抜けたんだからさ。

女2 私の黒歴史を蒸し返さないで〜！

여1 켄타 선배에게 빨리 고백해. 누가 채 갈지도 몰라.

여2 못 해, 못 해. 고백 같은 거 절대 못 해!

여1 이제 괜찮다니까! 코우메가 왕눈썹이라고 남자애들한테 놀림받던 촌스런 시절에서, 이제 훨씬 세련되어졌으니까.

여2 내 흑역사를 다시 끄집어내지 마~!

📺 도쿄 타라레바 아가씨

女1 ８年前、一度フッた人から誘われました。

女2 あっ、あっ！ねえ、もしかして、ADの先輩だった、ダサ男君？

(검색 후 나온 사진을 보고)

女3 大変、ダサくない！

女2 ホントだ、あか抜けてる！

여1 8년 전에 한 번 찼던 사람한테서 데이트 신청 받았어.

여2 아, 아! 저기, 혹시 조연출 선배였던 촌스러운 남자?

(검색 후 나온 사진을 보고)

여3 대박! 촌스럽지 않아!

여2 정말이다. 세련돼졌어!

어휘

先輩　告る　眉毛　いじる 만지작거리다, 놀리다　芋時代 촌스럽던 시절　断然　黒歴史
蒸し返す 들추다, 끄집어내다　誘う　ダサい 촌스럽다

イメチェンする

(이미지) 변신하다, 분위기/스타일을 바꾸다

イメチェン은 イメージチェンジ(image change)라는 일본식 영어의 줄임말로, 머리, 패션, 화장 등에 변화를 줘서, 보는 사람이 신선한 느낌을 받을 정도로 분위기가 바뀌는 것을 의미한다.

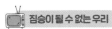 **짐승이 될 수 없는 우리**

男 あ～れ～？晶ちゃん、何かちょっと感じ 違う。イメチェン？

남 어라, 아키라 씨, 뭔가 느낌이 좀 다르네. 이미지 변신?

오늘의 키라군

女 パパ、見て見て。ニノンちゃん、イメチェンしたのよ。かわいいわよね。

여 여보, 봐봐. 니논이 이미지 변신했어. 예쁘지?

내일, 나는 누군가의 여자친구

女 じゃあ、大胆にイメチェンしちゃおうよ！萌ちゃんが嫌じゃなかったら、リナにコーディネートさせて。

여 그럼 과감하게 변신해 버리자! 모에가 괜찮다면 리나가 코디하게 해줘.

내일, 나는 누군가의 여자친구

男 えっ、萌ちゃん？びっくりした…。
女 ちょっと、イメチェンしたんだ。

남 어, 모에 씨? 깜짝 놀랐어….
여 분위기 좀 바꿔 봤어.

발신인은 누구입니까?

女 先生、何かイメチェンした？

여 선생님, 뭔가 스타일 바꿨어요?

어휘

大胆(だいたん) 대담, 과감

✏️ 자연스러운 문장이 되도록 어울리는 표현을 골라서 적절한 형태로 만들어 넣으세요.

老ける　筋トレ　スタイルいい　ムキムキ　天パ　童顔　似た者同士
あか抜ける　イメチェン

1. あいつ ＿＿＿＿＿＿＿＿＿＿＿＿＿＿ で、雨にぬれると髪の毛が膨らんじゃうんだって。

2. 私は別に異性を意識して ＿＿＿＿＿＿＿＿＿＿＿＿ したんじゃない。

3. 彼女、もしかして、モデルさん？すっごい ＿＿＿＿＿＿＿＿＿＿＿＿ 美人だね。

4. 最近 ＿＿＿＿＿＿＿＿＿＿＿＿ ない？一瞬、誰だか分からなかった。

5. 俺たち ＿＿＿＿＿＿＿＿＿＿＿＿ いいカップルになりそうだね。

6. 彼は全然 ＿＿＿＿＿＿＿＿＿＿＿＿ し、相変わらず ＿＿＿＿＿＿＿＿＿ だった。

7. ＿＿＿＿＿＿＿＿＿＿＿＿ な体になりたくて、毎日 ＿＿＿＿＿＿＿ してます。

CHAPTER 9

기타 표현

unit 184

もどかしい 답답하다, 애타다, 안타깝다
じれったい 감질나다, 애타다, 속 터지다

일이 생각대로 되지 않아 애타고, 답답하고 안타까운 마음을 もどかしい 라고 한다. じれったい는 시원스럽지 못한 태도나 행동에 감질나거나, 애타거나, 답답하거나, 속 터진다는 의미이다.

 봄은 짧으니 사랑하라 남자.

男 何もできない自分が、何をしてやればいいのか、分かんない自分が、もどかしい。

남 아무것도 할 수 없는 자신이, 뭘 해 줘야 좋을지 모르는 나 자신이 답답하다.

 유니콘을 타고

男 何だか、もどかしいですね。こうして、我々のアプリを必要としてくださる方々がいるのに、すぐに応えられないというのは。

남 어쩐지 안타깝네요. 이렇게 우리 앱을 필요로 하는 분들이 있는데, 바로 대응할 수 없다는 게.

 # 리모러브 ~보통의 사랑은 사도~

男 傷つくことから逃げてたら、恋なんて、できません。もう、じれったいな。もう、僕が行きます！行って話して来ます！

남 상처받는 걸 피하려고 하면, 사랑 같은 건 못 해요. 아, 속 터지네. 아, 제가 갈게요! 가서 말하고 올게요!

어휘

我々(われわれ)　方々(かたがた)　応(こた)える 부응하다, 대응하다

unit 185

当てにならない

의지가 안 된다, 믿을 게 못 된다

当ては '믿고 의지하는 것'이란 뜻이어서, 当てになる는 '의지가 된다', '신뢰가 간다', 当てにならない는 '의지가 안 된다', '믿을 게 못 된다', 当てにする는 '믿고 의지하다'란 의미가 된다. 彼は当てにならない(그는 의지가 안 된다), 彼の言うことは当てにならない(그가 하는 말은 믿을 게 못 된다)처럼 사용한다.

 코타츠가 없는 집

息子	うちの親父もそろそろ働くみたいよ？	아들	우리 아빠도 이제 일하려는 것 같아.
母	まだ分かんないでしょ。	엄마	아직 모르는 거지.
祖父	そんな話、当てになるか。	조부	그런 말 믿을 수 있어?
息子	今回は本気っぽいけどねぇ。	아들	이번엔 진지해 보이던데.

📺 사랑 따위 진심으로 해서 어쩌려고?

| 女 | 結婚しても離婚するかもしれないし、子供なんか作っても当てにならないし。人間なんか最後は1人なんだもん。 | 여 | 결혼해도 이혼할지 모르고, 애 낳아도 의지가 안되고, 사람은 마지막엔 혼자인걸. |

📺 호타루의 빛 2

彼氏	お金もないのに、どうやって式場、予約するんだよ。	남친	돈도 없는데 어떻게 식장을 예약해?
彼女	部長もお金がないんですか？	여친	부장님도 돈 없어요?
彼氏	私の貯金を当てにするな。少しは節約したらどうだ。	남친	내 저금에 의지할 생각 마. 절약 좀 하는 게 어때?

어휘

親父　本気 진심, 진지함　式場　貯金　節約

227

当てがある 생각하고 있는 게 있다

当てもなく 무작정, 정처 없이

当ては '마음속으로 기대하거나 믿고 있는 것'이란 뜻으로, 当てがある는 '생각하고 있는 게 있다', '믿는 구석이 있다', '부탁할 만한 곳이 있다' 등의 의미가 된다. 부정형으로 当てもなく 라고 하면 '생각하고 있는 거나 믿는 구석도 없이'란 뜻이므로, 우리말의 '무작정', '정처 없이'에 해당한다. 강조해서 말할 때는 何の当てもなく 라고 한다.

📺 칭찬하는 사람 칭찬받는 사람

男1 でも、ロケで貸してくれるとこ、見つかりますかね？

男2 あっ、それなら、当てがあります。

남1 하지만 촬영 장소로 쓰게 해주는 곳을 찾을 수 있을까요?

남2 아, 그거라면 할 만한 곳이 있습니다.

📺 슬로우 댄스

男1 あっ、実は、オジサンが少年のために、犬と一緒に旅をするって、話なんです。

男2 ロードムービーですね。

男1 犬と子供は当てがあるんですけど、主役のオジサン役がなかなか決まらなくて。

남1 아, 실은 아저씨가 소년을 위해 개와 함께 여행을 떠나는 이야기예요.

남2 로드무비네요.

남1 개와 아이는 할 만한 사람이 있는데, 주연인 아저씨 역을 좀처럼 못 구해서요.

📺 호타루의 빛

男 女がさ… 何の当てもなく、家出ると思ってんのか？用意周到に計画してたに、決まってるだろ。

남 여자가 말이야. 무작정 집을 나갈 것 같아? 용의주도하게 계획한 게 틀림없다고.

어휘

ロケ 촬영지, 촬영 장소(ロケーション의 준말)   旅   主役   用意周到 용의주도

育ち盛り 한창 자랄 때　食べ盛り 한창 먹을 때
働き盛り 한창 일할 때

기세가 정점에 달해 왕성한 시기를 盛り 라고 하는데, 이게 동사의 연용형 뒤에 붙으면 ざか
り라고 발음되고, '한창 ~할 시기'란 의미가 된다. 그래서 育ち盛り는 '한창 자랄 때', 食べ
盛り는 '한창 먹을 나이', 働き盛り는 '한창 일할 나이(장년기)'를 의미한다.

📺 만들고 싶은 여자와 먹고 싶은 여자

娘　お母さん、ごはん多いって。こんなに食　　　딸　엄마, 밥 많다니까. 이렇게 많이
　　べられないから。　　　　　　　　　　　　　　 못 먹어.

父　ダイエットでもしてるの？育ち盛りなん　　 아빠　다이어트라도 하는 거야? 한창
　　だから、しっかり食べないと。　　　　　　　　클 때니까 잘 먹어야지.

母　そうだよ。ダイエットなんかしなくて　　　 엄마　맞아. 다이어트 같은 거 안 해도
　　も、十分かわいいんだから。　　　　　　　　　충분히 예쁘니까.

📺 선술집 바가지

男　トマトのうまい食い方って、知ってる　　　　남　토마토 맛있게 먹는 방법 알아? 우
　　か？いやあ、うちの坊主がさ、嫌いなの　　　　리 꼬마가 토마토를 싫어해서.
　　よ、トマト。　　　　　　　　　　　　　　　　여　이런, 요시카즈가요? 한창 먹을 때

女　へえー、ヨシカズ君がねえ。食べ盛り　　　　　라 편식 같은 거 안 할 것 같은데.
　　で、好き嫌いとかなさそうなのにね。

📺 만들고 싶은 여자와 먹고 싶은 여자

娘　彰は手伝えないの？近くに住んでるんだ　　　 딸　아키라는 (간병) 못 도와? 가까이
　　から。　　　　　　　　　　　　　　　　　　　 사는데.

父　あいつには酷だろう。働き盛りだし、子　　　 아빠　걔한테는 너무 가혹하잖아. 한창
　　どもも生まれて大変なんだよ。　　　　　　　　일할 때고, 애도 태어나서 힘든데.

어휘

しっかり 충분히, 확실히, 잘　坊主 중머리, 꼬마 녀석　好き嫌い 　酷 가혹함

八方美人
はっぽう び じん

착한 척하는 사람, 비위 맞추고 줏대 없는 사람

우리는 다방면으로 뛰어난 사람을 '팔방미인'이라고 하지만, 일본에서는 부정적인 뉘앙스로, 누구에게도 미움받지 않으려고 상냥하게 행동하는 사람을 八方美人이라고 한다. 우리말로는 '착한 척하는 사람', '남의 비위만 맞추고 줏대 없는 사람', '비굴한 사람' 등의 의미가 된다.
はっぽう び じん

📺 우리는 사랑이 서툴러

女 私ね、昔からこういう性格で、八方美人っていうか、言いたいことを言えない子どもだったの。そんなんだったから、あんまり周りにいい顔されなくて。

여 나, 옛날부터 이런 성격이라, 착한 척한다고 할지, 하고 싶은 말 못하는 아이였어. 그래서 주위에서 별로 좋게 안 봤어.

📺 나기의 휴식

(남자 상사가 이치카와의 머리를 쓰다듬는 걸 본 여직원들)

女1 市川さん、大丈夫だった？頭ポンポンとか、気持ち悪すぎ〜。
いちかわ

女2 仕事には支障ないんで、私は全然。

女1 ああ… あっ、市川さん、ああいうの、慣れちゃってる人？

女2 いえ… たまたま、おじぎした所が、手の置きやすい位置だったのかな〜とか。

女1 でも、まあ、市川さんがいいならさ、ねっ？うん、いいけど、気をつけないと… 周りから… 八方美人って、言われちゃうよ。

여1 이치카와 씨, 괜찮아? 머리 쓰다듬는 거 너무 기분 나빠.

여2 일에는 지장 없어서 저는 괜찮아요.

여1 아아… 이치카와 씨, 그런 거 익숙한 사람이야?

여2 아뇨, 어쩌다 머리 숙인 곳이 손 얹기 쉬운 위치였나 하고.

여1 근데 뭐, 이치카와 씨가 괜찮다면야 응, 상관없지만, 조심하지 않으면 주변 사람들에게 줏대 없이 비굴하다는 말 들을 수 있어.

어휘

いい顔 호의적인 태도 ポンポン 가볍게 두드리는 소리나 모양 支障 慣れる おじぎ 머리 숙여 인사함 周り
かお   ししょう   な   まわ

NG　ご法度

하면 안 됨, 금지

NG는 No Good의 약자로, 원래는 방송이나 촬영 현장에서 연기를 실수하거나 기술적인 문제로 촬영이나 녹음 등이 중단되는 것을 의미하지만, 일상생활에서 NG는 '해서는 안 되는 것', '금지'를 뜻한다. 같은 의미로 ご法度도 있다. 에도 시대 때 법령을 法度라고 불렀는데, 이게 현재에 와서는 '일반적으로 금지되어 있는 것'이라는 의미로 사용된다.

📺 **꽃미남이여 밥을 먹어라**

男 ずっと取材NGだったお店から、OKが出たんだよ。ぜひ、好美ちゃんに、取材してもらいたくて。

남 계속 취재가 안 되던 가게에서 허락이 났어. 꼭 요시미 씨가 취재해주면 좋을 것 같아서.

📺 **네가 마음에 자리 잡았다**

男 新作発表会って、どんな感じなんですかね。あっ、やっぱり、カメラ、写真はNGですよね。

남 신작 발표회는 어떤 느낌일까요? 아, 역시 카메라, 사진은 금지겠죠?

📺 **후르츠 택배**

女 この業界、店の女の子との恋愛はご法度だから。咲田くんの前にいた人、手出して、ミスジさんに半殺しにされたから。

여 이 업계에서 가게 여자애랑 연애는 금지야. 사키타 씨 전에 있었던 사람은 손댔다가 미스지 씨에게 반죽음당했다니까.

📺 **신의 편애**

女 ケンタの前で、弥白くんの話が御法度なのは前に話したよね？

여 켄타 앞에서 야시로 얘기 꺼내면 안 된다는 거 전에 말했었지?

어휘

取材　新作発表会　半殺し 반죽음

unit 190

エスカレートする 점점 심해지다
膨らむ 부풀어 오르다, 커지다

영어 escalate는 '악화되다', '확대되다', '증가하다'란 뜻인데, 일본어 エスカレート도 어떤 일의 정도나 상태가 점점 심해지거나 발전하는 것을 의미한다. 要求がエスカレートする(요구가 심해지다), 誤解がエスカレートする(오해가 커지다)처럼 쓴다. 膨らむ는 물체가 부풀어 오른다는 의미도 있지만, 이야기의 규모가 커지거나, 무엇에 대한 생각이나 마음이 커진다는 의미도 있다.

📺 딸바보 청춘백서

(남녀가 앉아서 사이좋게 대화하는 모습을 보며)

男 あれ？また違う男だ。

女 先週からかな？

男 コウちゃんはどうした？

女 なんか、束縛がエスカレートして、ダメだったみたい。

남 어라? 또 다른 남자네.

여 지난주부터인가?

남 코우는 어쩌고?

여 뭔가 속박이 심해져서 잘 안된 것 같아.

📺 35세의 고교생

女 いじめはどんどんエスカレートして、そのうち、万引までやらされた。

여 괴롭힘은 점점 심해져서, 얼마 후 가게에서 물건을 훔치는 일까지 시키게 되었다.

📺 내 스커트, 어디 갔어?

男 私、昔、陸上部だったんだけど、ケガしてやめちゃったの。そんくらいのケガは、年取りゃ、治る。でもね、やめちゃった後悔は、年取ると、どんどん膨らんで行くんだよ。

남 나 옛날에 육상부였는데, 부상으로 그만뒀어. 그 정도 부상은 나이 먹으면 나아. 하지만, 그만둔 후회는 나이 먹을수록 점점 커지지.

어휘

束縛 どんどん 자꾸, 점점 더 万引 가게에서 물건을 훔치는 행위 陸上部 後悔

アウェー　アウェー感

남의 구역, 남의 연고지, 남의 구역에 와서 겉도는 느낌

스포츠에서 홈그라운드와 반대로, 상대팀의 본거지를 アウェー(away)라고 하는데, 일상 생활에서는 '남의 구역', '남의 연고지', '남의 구역에 와서 겉도는 느낌' 등을 의미한다. ア ウェイ라고 표기하기도 한다. 그 느낌에 초점을 두고 말할 때는 アウェー感이라고 한다.

🎬 길 위에서

(술자리 2차를 따라가지 않고, 무리를 바라보며 대화하는 두 사람)

女 ああいう場、苦手ですか？

男 まあ、完全にアウェーなんで。えっ、
え…行かなくていいんですか？２軒目。

女 ああ…私もアウェーなんで。

여 저런 자리 별로예요?
남 뭐, 완전히 겉도는 느낌이라. 어, 안 가도 되나요? 2차.
여 아… 저도 겉도는 느낌이어서요.

📺 모모우메

(사무실 복사기가 안 되어서 투덜거리자)

女1 じゃ、下の階のコピー、借りたら？

女2 ムリです、ムリです。下の階、アウェ
ー感、強いんで。

여1 그럼 아래층 복사기 쓰지?
여2 안 돼요, 안 돼. 아래층은 남의 구역 같아서.

📺 신의 편애

(전학 온 학생이 혼자 옥상에 올라와서 점심을 먹음)

女 ハァ〜… しっかし、転校生って、アウェ
イ感半端ねえなあ。

여 하~ 근데, 전학생이란 게 겉도는 느 낌 장난 아니네.

어휘

場 자리　２軒目　下の階　転校生　半端ねえ 장난 아니다 = 半端ない

233

言_いいふらす

(말을) 퍼뜨리다, 소문내다

触_ふらす가 '널리 알리다', '퍼뜨리다'란 뜻이므로, 言_いいふらす는 많은 사람이 알도록 '말을 퍼뜨리다', '소문내다'란 의미가 된다. 거짓 소문을 퍼뜨린다고 하거나, 비밀 얘기를 소문내지 말라고 할 때 등 여러 상황에서 사용한다.

📺 굿모닝 콜

男　同居、バレたら退学だぞ。

女　分かってるよ。

男　分かってねえから、あんなうるせーの、連れてくるんだろ。ちゃんと言っとけよ。絶対、言いふらすなって。

남　같이 사는 거 들키면 퇴학이야.

여　알고 있어.

남　모르니까 저런 말 많은 애 데려온 거잖아. 확실히 말해 둬. 절대 소문내지 말라고

📺 너에게 닿기를

女　あんたが吉田_{よしだ}と矢野_{やの}の悪口、言いふらしてんでしょ？

여　네가 요시다랑 야노의 험담 퍼뜨리고 있지?

📺 무라이의 사랑

女　言いふらしたら殺す！

여　소문내면 죽는다!

📺 장난스런 키스

女　みんなに言ってやる。入江君_{いりえ}に襲_{おそ}われたって、学校中に言い触らしてやる。

여　모두에게 말할 거야. 이리에가 덮쳤다고. 학교 전체에 소문낼 거야.

어휘

同居_{どうきょ} 한집에 같이 삶　バレる 들키다　退学_{たいがく}　悪口_{わるくち}　襲_{おそ}う 덮치다

デマ 헛소문, 유언비어, 허위 정보
根も葉もない 아무 근거도 없다

デマ는 '선동', '선동 정치'란 뜻의 독일어 デマゴギー(Demagogie)의 줄임말로, 의도적으로 흘리는 '허위 정보', '헛소문'을 의미한다. 根も葉もない를 직역하면 '뿌리도 잎도 없다'인데, 여기서 '뿌리'는 이야기의 '근거', '원인'을 뜻하기 때문에, '아무 근거도 없다'란 의미이다.

📺 **혼인 신고서에 도장을 찍었을 뿐인데**

女 流司くんの結婚、デマだって。嘘なんだって！

여 류지의 결혼, 헛소문이래. 거짓말이래!

📺 **새로운 왕**

男 ネットには、ウソやデマがあふれている。

남 인터넷에는 거짓과 허위 정보가 넘치고 있어요.

📺 **미타라이 가, 불타다**

女 今、私の家族は、根も葉もないウワサとネットでの誹謗中傷で、ひどく傷ついています。

여 지금 제 가족은 아무 근거도 없는 소문과 인터넷의 중상모략으로 심하게 상처받고 있습니다.

📺 **35세의 고교생**

男 だから、くれぐれもネットに、根も葉もないこと、書き込んだりすんなよ。

남 그러니 아무쪼록 인터넷에 근거 없는 얘기 쓰거나 하지 마.

어휘

嘘 あふれる 넘치다, 넘쳐흐르다 　誹謗中傷 중상, 중상모략 　書き込む 써넣다, 적어 넣다

✎ 자연스러운 문장이 되도록 어울리는 표현을 골라서 적절한 형태로 만들어 넣으세요.

> もどかしい　当てになる　当てがある　育ち盛り　八方美人　NG　エ
> スカレートする　アウェー感　言いふらす　根も葉もない

1. 再就職の ＿＿＿＿＿＿＿＿＿＿＿＿＿＿から辞めたんじゃないの？

2. 彼女の要求は日に日に ＿＿＿＿＿＿＿＿＿＿＿＿＿。

3. そんなのは、いい子ぶってる＿＿＿＿＿＿＿＿＿＿＿で、自
   分がないヤツなんだよ。

4. あの女、また、あることないこと ＿＿＿＿＿＿＿＿＿＿＿＿
   よ。

5. 周りはカップルだらけで ＿＿＿＿＿＿＿＿＿＿＿半端なかっ
   た。

6. 私は ＿＿＿＿＿＿＿＿＿＿＿誹謗中傷に、大変、心を痛めて
   おります。

7. あんな、どこから集めてきたか、わかんないデータ、＿＿＿＿＿
   ＿＿＿＿＿＿＿＿＿＿＿か？

8. ２番テーブルのお客様はパクチーが苦手、５番テーブルのお客
   様はアルコールが ＿＿＿＿＿＿＿＿＿＿＿＿です。

9. 自分の思いがうまく伝わらなくて ＿＿＿＿＿＿＿＿＿＿＿。

10. ＿＿＿＿＿＿＿＿＿＿＿だからカップ麺１杯じゃ足りな
    い。

口コミ
くち

입소문, 평판, 리뷰, 후기

コミはコミュニケーションの줄임말로, 口コミ는 사람들 입으로 전해지는 평판을 의미
くち
해서, 우리말로는 '입소문'이 된다. 식당이나 상품 등에 대한 이용 후기인 '리뷰'라는 의미
로도 많이 쓴다. クチコミ라고 표기하기도 하며, マスコミ(매스컴)에 빗대어 하는 말이다.

📺 한밤중의 베이커리

男 あそこのパンはうまいと、口コミが広が │ 남 거기 빵 맛있다고 입소문이 퍼지고
ってる。 │ 있어.

📺 호타루의 빛

女 OLの口コミはバカにできないからね。 │ 여 여사원들의 입소문은 무시할 수 없
│ 으니까.

📺 헝그리!

男 お前、シェフやってるくせに、モグサー │ 남 넌 셰프 하면서 모구서치도 모르
チも知らねぇの？口コミのグルメ情報サ │ 나? 맛집 리뷰 정보 사이트야. 봐.
イトだよ。見ろ。2件も口コミが入って │ 리뷰가 2개나 올라와 있어.
る。

📺 혼활 1000개 노크

女 鳥羽ちゃんのお店、Googleの口コミ5点 │ 여 토바 씨 가게, 구글 리뷰 5점(별 5개)
とば │ 으로 적어두겠습니다!
で、書き込んでおきます！

어휘

広がる　バカにする 깔보다, 무시하다
ひろ

237

盛ってる
부풀려서 말하다, (더 예쁘게) 보정하거나 꾸미다

盛る는 기본적으로 '수북이 담다', '쌓아 올리다'란 뜻인데, '실제보다 더 과하게 또는 좋게 보이려고 하다'란 의미도 있다. 주로 盛ってる란 형태로 해서 '부풀려서 말하다', '(더 예쁘거나 멋지게 또는 크게 보이려고) 보정하거나 꾸미다'란 의미로 쓴다. 이야기를 과장해서 말하거나, 사진의 얼굴을 더 예쁘게 보정하거나, 가슴이 더 크게 보이도록 뽕브라를 착용하는 것 등이 이에 해당한다.

📺 사랑입니다! ~양키 군과 흰지팡이 걸~

男1 森生はな、ケンカ無敗記録更新中だよ。	남1 모리오는 말이지. 싸움 무패 기록 경신 중이야.
男2 泣く子も黙る最強の男、黒川森生！	남2 우는 애도 그치게 하는 최강의 남자, 쿠로카와 모리오!
男1 身長2 m超え！	남1 키가 2m 넘어!
男2 全身にピアス100個だぞ。	남2 전신에 피어스가 100개나 돼.
女 盛ってるだろ。	여 부풀렸잖아.
男1 バレたか。	남1 들켰나?
男2 盛り過ぎたな。	남2 너무 부풀렸네.

📺 선생님 안녕히

(스마트폰으로 사진을 보여주며)

女1 見て。この人、いい感じじゃない？	여1 봐. 이 사람 괜찮지 않아?
女2 いや～ これ絶対盛ってるっしょ。	여2 음… 이거 분명히 보정한 거야.

🐱 로맨틱 킬러

女 ごめん、胸、盛ってるの知ってた。	여 미안. 가슴, 뽕브라인 거 알고 있었어.

어휘

無敗 記録 更新 경신, 갱신 黙る 입을 다물다, 울음을 그치다 最強 超える 넘다, 초월하다

238

unit 196

よさげ 좋은 거 같음, 좋아 보임
仲_{なか}よさげ 사이가 좋아 보임

げ는 형용사의 어간에 붙어서 '~한 듯함', '~하게 보임'이란 뜻을 만든다. 그래서 よさげ는 '좋아 보임', 仲_{なか}よさげ는 '사이가 좋아 보임', 楽_{たの}しげ는 '즐거운 듯', 寂_{さび}しげ는 '쓸쓸한 듯' 등 의 의미가 된다. 특히 よさげ는 분위기 좋은 식당이나 가게를 언급할 때 젊은 사람들이 즐 겨 쓴다.

📺 실연밥

女 何かよさげなお店ですね。 | 여 뭔가 좋아 보이는 가게네요.

📺 프리즘

女 へえ～ よさげな会社じゃん。よかった ね。 | 여 오~ 회사 좋아 보인다. 잘됐네.

 손끝과 연연

男 そうだなぁ。ショートもよさげだし、カ ラー、変えてみるとかは、どう？ | 남 어디 보자. 짧은 머리도 괜찮을 것 같고, 컬러를 바꿔보는 건 어때?

 손끝과 연연

女 な～んか、仲よさげだったじゃん？逸臣_{いつおみ} さんといるときの雪_{ゆき}、うれしそう。 | 여 뭔가 사이 좋아 보이던데? 이츠오 미 씨랑 같이 있을 때의 유키는 즐 거워 보여.

📺 닥터 화이트

女 白夜_{びゃくや}さん、もっと、こう、楽しげに笑っ たほうがいいよ。 | 여 뱌쿠야 씨는 좀 더 이렇게 즐겁게 웃는 편이 좋아.

よかれと思って

잘되라고, 생각해서, 좋은 뜻으로

よかれは '좋으라고 바람', '잘되라고 바람'이란 뜻이어서, よかれと思っては '(남이나 상대방이) 잘되라고', '(남이나 상대방을) 생각해서', '좋은 뜻으로'란 의미가 된다. 남이나 상대방을 생각해서 한 말이나 행동이 오히려 좋지 않은 결과가 되었을 때 특히 많이 쓴다.

📺 사랑 없는 연인들

男 よかれと思って、やったことが、裏目に出ることなんて、いくらでもある。

남 잘되라고 한 행동이 안 좋은 결과를 낳는 경우는 얼마든지 있어.

📺 코타츠가 없는 집

父 俺はよかれと思って、言ってやってるんだぞ？

娘 お父さんが誰かに、よかれと思って、やってることって、結局は全部自分のためなのよ。

아빠 나는 생각해서 말해준 거야.

딸 아빠가 누군가를 생각해서 한다는 건, 결국 전부 자신을 위한 거잖아.

📺 내 이야기는 길어

男 よかれと思って、食器、洗っても、スポンジの使い方で怒られるからね。へへっ。

남 생각해서 설거지해도, 스펀지 사용법 때문에 꾸지람 들으니까. 하하.

📺 독신귀족

男 僕の方こそ、すいませんでした。僕もよかれと思って、やったんですけど、余計なこと、しちゃったみたいで。

남 저야말로 죄송합니다. 저도 좋은 뜻으로 한 거지만, 괜한 일을 한 것 같아요.

어휘

裏目に出る 엉뚱한 결과를 낳다　食器　余計 쓸데없음

unit 198

カモにする 봉(호구)으로 삼다
カモられる 호구 잡히다

오리(かも)는 새의 모형을 미끼로 해서 잡기 쉬운 동물이라, 어수룩해서 돈벌이에 이용하기 쉬운 사람도 カモ라고 한다. 우리말의 '봉'이나 '호구'에 해당한다. 그래서 カモにする는 '봉이나 호구로 삼다'란 뜻이고, いいカモになる 라고 하면 '좋은 먹잇감(희생양)이 되다'란 뜻이 된다. 동사형 カモる로 쓰기도 해서, カモられる는 '호구 잡히다'가 된다.

 코타키 형제와 사고팔고

男 よくあるでしょう。「誰でも稼げる方法教えます」って。そんな方法あったら、誰にも言うわけがない。そうやってカモにして、儲かるのは主催者だけという、汚い仕組みだ。

남 흔히 있잖아. '누구든 돈 벌 수 있는 방법을 알려드립니다' 같은 거. 그런 방법이 있으면 아무한테나 말할 리가 없지. 그렇게 봉으로 삼아서, 돈을 버는 건 주최자뿐인 더러운 구조야.

 아내, 초등학생이 되다

女 お客さんカモにすんのやめなって。

여 손님을 봉으로 삼는 거 그만하라니까요.

 자전거집 타카하시군

女 もしかして私、カモにされてる？

여 혹시 나를 호구로 여기는 건가?

 이쪽을 봐줘, 무카이군

娘 これ、何？

父 あ！それがさ、おいしいらしいんだよ。秋田のソウルフードだって言われてさ。買わされちゃったよ。アハハ…。

娘 カモられてんじゃん。

딸 이거 뭐야?

아빠 아, 그거 맛있는 거래. 아키타의 소울푸드라고 하면서 사게 하더라고. 아하하.

딸 호구 잡힌 거네.

어휘

稼ぐ 돈을 벌다　儲かる 벌이가 되다　主催者 주최자　仕組み 구조

241

根暗 음침한 사람   陰キャ 음침한 캐릭터, 아싸

陽キャ 쾌활한 캐릭터, 인싸

根는 '뿌리', '천성'이란 뜻으로, 根暗는 천성이 어둡다는 말이므로 '어두운 성격', '음침한 사람'을 의미한다. 비슷한 陰キャ는 陰気なキャラクター(음침한 캐릭터)의 줄임말로, '집단 내에서 잘 어울리지 못하는 어두운 캐릭터', '학교에서 인기 없는 비주류 학생'을 뜻한다. 다른 말로 '아싸'라고 할 수 있다. 반대말인 陽キャ(쾌활한 캐릭터)는 '학교에서 잘나가는 학생' 즉 '인싸'가 된다.

 우리 집엔 아무것도 없어

女 突然ですが、私、根暗なんです。友達少ない。運動嫌い。外にもあんまり出かけないインドア派。

여 갑작스럽지만, 저는 성격이 좀 어두워요. 친구 적고, 운동 싫어하고, 밖에도 잘 나가지 않는 집순이예요.

너의 췌장을 먹고 싶어

女 じゃ、どうしてあんたみたいな子が、いきなり図書委員になったり、クラス一根暗なヤツとデートなんかするのよ？

여 그럼 어째서 너 같은 애가 갑자기 도서 위원이 되어서, 반에서 가장 음침한 녀석이랑 데이트 같은 걸 하는 거야?

 뻐꾸기 커플

女 幸の言うとおり、陰キャで、とっつきにくいお兄ちゃんだね。

여 사치 말대로, 아싸에 다가가기 힘든 오빠네.

 신의 편애

女 弥白くん、鈴ちゃんと絡み始めてから、いきなりクラスになじみましたね。
男 これが陽キャの力だ。

여 야시로는 린이랑 얽히기 시작하고부터, 갑자기 반에 적응했네요.
남 이게 인싸의 힘이야.

어휘

突然 運動嫌い インドア派 집순이, 집돌이 図書委員 絡む 얽히다

unit 200

音信不通 소식불통, 연락 두절
連絡がつく 연락되다

音信은 '편지나 연락'을 의미하는데, 소식이 끊어지고 연락을 취할 방법이 없는 상태를 音信不通라고 한다. 상황에 따라 '소식불통', '연락 두절' 등의 의미가 된다. '연락되다'는 連絡(が)つく, '연락이 안 되다'는 連絡(が)つかない 라고 한다. 헷갈리기 쉬운 消息を絶つ는 한일사전에 '소식을 끊다'로 직역한 뜻이 나오지만, 실은 '소식을 알 수 없게 되다'란 뜻으로, 곧 '자취를 감추다'란 의미이다.

📺 여자 구르메 버거부

女 あぁ…。大学出たあと、東京で就職したの。アンタこそ、高校出てから、音信不通だったじゃん。こんなとこで何してんの？

여 아… 대학교 졸업하고 도쿄에 취직했어. 너야말로 고등학교 졸업하고 소식불통이었잖아. 이런 데서 뭐 하고 있어?

📺 콩트가 시작된다

女 きっかけは、姉が音信不通で心配だから、見て来てほしいという、母からの電話だった。

여 누나가 연락 두절로 걱정되니까, 보고 오라는 엄마의 전화가 계기였다.

📺 안녕, 아름다운 날

女 あの… アキに連絡がついたら、伝えておいてください。珠希が会いたがってるって。

여 저기… 아키랑 연락되면 전해주세요. 타마키가 만나고 싶어 한다고요.

📺 리버설 오케스트라

女 心配したんだよ、連絡つかないから。

여 걱정했잖아. 연락 안 돼서.

어휘

就職 姉 心配

意味不明 イミフ
（いみふめい）

(의미나 의도가) 이해 안 됨, 뭔 소리야!

의미나 의도를 알 수 없는 언동이나 내용에 대해 도대체 뭔 소리인지, 왜 그러는지 당최 이해가 안 간다고 강조해서 말할 때 意味不明(いみふめい)라고 한다. 짧게 줄여서 イミフ라고 하기도 한다. 생뚱맞거나 영문을 알 수 없는 말이나 행동, 필요성이나 목적을 알 수 없는 일, 이해가 안 되는 이상한 내용의 이야기 등에 대해 사용한다.

 수수하지만 굉장해! 교열걸 코노 에츠코

女 そもそも、この人、何者？ものすんごい大御所（おおごしょ）とか？編集長の身内とか？じゃなきゃ、こんな意味不明な小説、出版されないよね？

여 도대체 이 사람 뭐야? 엄청난 거물이라든가, 편집장의 친척이야? 그렇지 않고선 이런 의미도 모를 소설을 출판할 리 없잖아?

 사라진 첫사랑

女 大変なの！青木（あおき）くんが山にこもるって…。
男 はあ？意味不明だな、あいつ！

여 큰일 났어! 아오키가 산에 짱박히겠대.
남 뭐? 영문을 알 수 없네, 그 녀석!

 이쪽을 봐줘, 무카이군

女 何か、空気読んでるみたいな顔してるけど、全然読めてないし。優しさも独特過ぎて意味不明。

여 뭔가 분위기 파악하는 것 같은 얼굴 하고 있지만, 전혀 파악 못 하고 있고 다정함도 너무 특이해서 이해가 안 돼.

 수염을 깍다. 그리고 여고생을 줍다.

女 突然、自分語りして、イミフって思うかもだけどさ。

여 갑자기 내 얘기 해서 뭔 소리야 싶을 수도 있겠지만 말이야.

어휘

大御所（おおごしょ）거물, 거장　編集長（へんしゅうちょう）　身内（みうち）일가, 친척　こもる 틀어박히다　独特（どくとく）　自分語り（じぶんがたり）개인적인 이야기

金づる 돈줄
貢ぐ 갖다 바치다

蔓는 '덩굴', '연줄'이란 뜻인데, 단순히 돈을 얻기 위한 수단으로 여기는 대상, 즉 '돈줄'을 金づる라고 한다. 그리고 호스트나 호스티스 등 좋아하는 사람에게 이용당해 돈을 갖다 바치는 것을 貢ぐ라고 한다.

📺 리갈 V ~전 변호사 타카나시 쇼코~

女　被告は会長について、どう語っていましたか？

男　最高の金づるが見つかったって言ってました。

여　피고는 회장님에 대해 어떻게 말했습니까?

남　최고의 돈줄을 찾았다고 말했습니다.

📺 그랑 메종 도쿄

女　私のこと一体何だと思ってんですか？とりあえず泊まれる都合のいい中年女ですか？それとも、いい金づるですか？

여　날 대체 뭐라고 생각하는 거예요? 우선 머무를 수 있는 만만한 중년 여자예요? 아니면 괜찮은 돈줄인가요?

📺 별 볼 일 없는 나를 사랑해주세요

男　100万借金した!?想像以上のバカだな、大学生に100万も貢ぐなんて。

女　貢いだんじゃなくて人助けです。

男　人を助けてる場合か。大体、その母親が病気って、嘘に決まってんだろ。

남　100만 엔 빚을 졌다고!? 상상 이상으로 바보네. 대학생한테 100만 엔이나 갖다 바치다니.

여　갖다 바친 게 아니라 도와준 거예요.

남　남을 도울 형편이야? 애초에 그 엄마가 아프다는 거, 거짓말인 게 뻔하잖아.

어휘

被告 피고　語る　泊る　都合がいい 편리하다, 만만하다　中年　借金　想像　人助け 남을 도움
場合　嘘

🖉 자연스러운 문장이 되도록 어울리는 표현을 골라서 적절한 형태로 만들어 넣으세요.

口コミ　盛ってる　よさげ　よかれと思って　カモにする　陰キャ
音信不通　意味不明　金づる

1. 彼は ＿＿＿＿＿＿＿＿＿＿＿ に見えるけど、実は勉強もでき
て、ケンカも強いの。

2. 子供のころ、母が出てっちゃって、それっきり ＿＿＿＿＿＿
＿＿＿＿＿＿ です。

3. 彼は高齢者を ＿＿＿＿＿＿＿＿＿＿ 、金をだまし取った。

4. それ、作り話でしょ。＿＿＿＿＿＿＿＿＿＿ でしょ、絶
対。

5. 男にとって婚約指輪は、無駄に高い ＿＿＿＿＿＿＿＿＿＿
の輪っかなの。

6. 彼女はいい ＿＿＿＿＿＿＿＿＿＿ をつかんだと、誇らしく
言った。

7. 俺は ＿＿＿＿＿＿＿＿＿＿ あえて厳しい事、言ってるつも
りなのに。

8. あの会社、転職サイトの ＿＿＿＿＿＿＿＿＿＿ ひどかっ
た。

9. なんか、この店 ＿＿＿＿＿＿＿＿＿＿ じゃない？入ってみ
よう。

・정답・

연습 문제 ❶
1. 雲の上 2. 胸キュン 3. ドキッとした
4. 高嶺の花 5. 見とれて 6. 物好き 7.
女っ気 8. ストライクゾーン(が)広すぎ
9. 理想が高い 10. 奥手

연습 문제 ❷
1. 駆け引き 2. アタックした 3. ロッ
クオン 4. ほれ込んでる 5. 言い寄られ
た 6. 思わせぶり 7. 脈あり 8. ツンツ
ンしてる 9. イチコロ 10. メロメロ

연습 문제 ❸
1. 相合い傘 2. 玉のこし 3. ベタベ
タ 4. のろけ 5. くっつける 6. 乗り換
え 7. 年頃 8. イチャイチャ 9. デキて
10. 切り替え

연습 문제 ❹
1. 売れ残る 2. 尻軽 3. 胃袋つかめ 4.
より戻した 5. ちょっかい出して 6. 本
命 7. 色気づいて 8. 手が早い 9. 寝取
られ 10. 色目使って 11. ムラムラし
て

연습 문제 ❺
1. 気さく 2. 人づきあい 3. つるんで
4. 奇遇 5. つれない 6. 慕われる 7. 疎
遠になる 8. 仲を引き裂いて 9. お近づ
きの印 10. 仲良し 11. よしみ

연습 문제 ❻
1. 親子水入らず 2. 女手一つで 3. 里
帰り 4. 反りが合わなかった 5. とっつ
きにくく 6. 親心 7. 妻子持ち 8. 話が
合う 9. 友達思い 10. 人一倍 11. 気が
合う

연습 문제 ❼
1. 隠し味 2. はしごして 3. 好き嫌い
4. 腹ごしらえ 5. 食べ歩き 6. お酒が
進む 7. 舌が肥えてる 8. おなかは膨れ
ない 9. 食べ頃

연습 문제 ❽
1. 食べそびれて 2. 小食 3. 行っとく
4. おなかすかせて 5. 食べきれない 6.
裏メニュー 7. すきっ腹 8. ひとり酒
9. 食いしん坊

연습 문제 ❾
1. 飲み直さない 2. しらふ 3. 悪酔い
4. 買い食い 5. ベロベロ 6. 打ち上げ
7. 別腹 8. やけ食い 9. やけになって

연습 문제 ❿
1. 作り置き 2. 行きつけ 3. 出前とら
ない 4. 山分け 5. とっておき 6. 自家
製 7. 日持ちする 8. 出来合い 9. 自炊

연습 문제 ⑪

1. デパ地下 2. 奮発 3. 使い込んだ 4. 学割 5. ポチって 6. 格安 7. 百均 8. 買い替える 9. 安上がり 10. コスパ 11. 寝る間も惜しんで

연습 문제 ⑫

1. 引き払う 2. 居候, 住み込み 3. 間取り 4. 長居 5. 賃貸 6. 見学 7. 居座られる 8. 転々とした

연습 문제 ⑬

1. 爆睡 2. 一晩中 3. 一睡 4. 寝落ちして 5. 居留守 6. 寝込んだ 7. 寝過ごして 8. 夜更かし 9. 寝癖

연습 문제 ⑭

1. ぶっちぎり 2. 勝ち目 3. 帰宅部 4. 瞬殺 5. 代返 6. 不意に 7. 単位 8. 楽勝 9. 浪人 10. 物知り

연습 문제 ⑮

1. 取り柄 2. 買いかぶり 3. ハンデ 4. 売り 5. ボコボコ 6. ボロが出る 7. おあいこ 8. ズル休み 9. お互いさま 10. マウント

연습 문제 ⑯

1. 手に職 2. 片手間 3. 潮時 4. 売れっ子 5. コネ 6. 腰掛け 7. 定職 8. 掛け持ち 9. 手取り

연습 문제 ⑰

1. 息抜き 2. 手が空いてる 3. 働きづめ 4. 起業して 5. メモって 6. 頭冷やして 7. こき使われて 8. 合間 9. 早番 10. 一息つける 11. フォローして

연습 문제 ⑱

1. 着飾って 2. やつれて 3. おめかし 4. 着こなせる 5. 厚化粧 6. 一張羅 7. 美肌

연습 문제 ⑲

1. 天パ 2. イメチェン 3. スタイルよくて 4. あか抜けて 5. 似た者同士 6. 老けてない, 童顔 7. ムキムキ, 筋トレ

연습 문제 ⑳

1. 当てがある 2. エスカレートした 3. 八方美人 4. 言いふらす 5. アウェー感 6. 根も葉もない 7. 当てになる 8. NG 9. もどかしい 10. 育ち盛り

연습 문제 ㉑

1. 陰キャ 2. 音信不通 3. カモにして 4. 盛ってる 5. 意味不明 6. 金づる 7. よかれと思って 8. 口コミ 9. よさげ